刑事审判

个案案例研究与实践

钱　岩◎著

XINGSHI SHENPAN GEAN ANLI YANJIU YU SHIJIAN

群言出版社
QUNYAN PRESS

图书在版编目（CIP）数据

刑事审判个案案例研究与实践 ／ 钱岩著.--北京：
群言出版社，2025.3. -- ISBN 978-7-5193-1038-7

Ⅰ. D925.218.4-53

中国国家版本馆CIP数据核字第2025BV9052号

策划编辑：李满意
责任编辑：陈　芳
装帧设计：晴晨时代

出版发行：群言出版社
地　　址：北京市东城区东厂胡同北巷1号（100006）
网　　址：www.qypublish.com（官网书城）
电子信箱：qunyancbs@126.com
联系电话：010-65267783　　65263836
法律顾问：北京法政安邦律师事务所
经　　销：全国新华书店

印　　刷：河北赛文印刷有限公司
版　　次：2025年3月第1版
印　　次：2025年3月第1次印刷
开　　本：710mm×1000mm　　1/16
印　　张：12
字　　数：225千字
书　　号：ISBN 978-7-5193-1038-7
定　　价：78.00元

目 录

庭审中控辩双方量刑博弈状况的实证研究

2012 年《中华人民共和国刑事诉讼法》（以下简称《刑诉法》）[①]的颁布是对社会主义法律体系的重要完善。其中第一百九十三条以强化庭审意识为指引，将量刑程序诉讼化，一改 1979 年《刑事诉讼法》与 1996 年《刑事诉讼法》对量刑重视不足之局面，为量刑建议与辩护制度的完善拓展空间。将量刑融入庭审，是社会主义民主法治进步的里程碑，值得关注，应予研究。

本文以此为契机，从 2012 年《刑诉法》第一百九十三条规定的实际效果切入，对控辩双方在量刑中的博弈状况进行实证研究，通过引入数学博弈论，借助社会学、统计学研究方法，并采集翔实样本，对庭审量刑进行白描式勾勒，从而严谨地分析现象、阐明问题，以期用第一手材料承接立法、对接司法，回应疑惑，探索进路。

同时，唯物辩证法是本书一以贯之的研究指导。在肯定控辩博弈为量刑增添活力、助推动力的基础上，本文亦对突破博弈瓶颈进行阐述，从限制恶性交锋、引导良性诉讼的角度论证人民法院的重要作用。作为刑罚终极裁量者，法官可在了解控辩实证情况之上，不断提

[①] 本书所含文章创作时均在 2018 年《刑诉法》第三次修正前。

升庭审掌控力，强化引导针对性与纠偏主动性，从而真正实现实体正义、程序正义双赢。

一、控辩博弈之要义阐释：非零和博弈与量刑精准化

刑法的问题就是定罪和量刑。[①] 与定罪主要立足于过去的案件事实不同，刑罚裁量必须同时考虑过去的案件事实和被告人未来可能对社会构成危险的证据，以确定犯罪人的社会危害性和人身危险性，实现刑罚的一般预防和特别预防功能。[②] 而对再犯可能性的认知、对双重预防之衡平必然是辨名析理、评估推断、由浅入深、逐步推进的主观化过程。唯有在循法同时随人、事、时、地之异而灵活变通、综合考量，才能真正实现法律效果、社会效果、政治效果的三维统一。因之，与定罪明辨是非的一锤定音相比，量刑赋予法官较多的自由裁量空间，具有伸缩度，更具延展性。在相对法定刑的背景下，个案罪责刑能否相适应、如何相适应现实地考验着法官的判断预测力。量刑的精准化程度亦成为衡量司法公正的关键指标。量刑环节法官"据已然估推未然"，内心确信的形成与其事实占有之全面性尤为相关。博弈即是多决策主体间在行为相互作用时，于一定规则约束下，据所掌握信息及对自身能力的认知，同时或先后从各自允许选择的策略中做出利己决策的动态过程；是相互制衡、不断谋求自身利益最大化的行为

---

① 王作富：《"疑案精解"别致、新颖》，载《人民检察》2006 年 12 期。
② 樊崇义、杜邈：《定罪证据与量刑证据要区分》，载《检察日报》2012 年 6 月 4 日第 3 版。

互动理论。[①] 控辩双方证实证伪、争取主动的博弈过程必将携风带雨，为法官提供正负两面、性质不同的丰富裁量信息，从而推进庭审顺利开展，并最终实现量刑精准化。

（一）边际效用递减规律的刑法演绎

边际效用递减[②]，是指其他收入固定不变时，连续地增加某一投入，该资源投入对产品产出的效用不断递减，其所新增产出最终会减少。其另种等价解读为，超过某一水平后边际投入的边际产出[③] 下降。边际效用递减规律在诸多领域被广泛应用，并为日常大量例证所证实，极具普世性。

量刑环节同样可运用该法则加以阐释。若辩方不作为或一味保持被动防守态势，没有积极施以针对策略，而控方延续定罪法庭调查、辩论阶段的出击态势，通过提出量刑建议、出示证据组合等以增加对法官的影响，那么依边际效用递减规律，控方指控对最终裁判的新增贡献率将随着庭审深入推进而呈递减趋势。当新增贡献率即边际效用（MU）为零时，控方对最终裁判的影响力即总贡献率（TU）将出现拐点，并由此转为下滑。如图所示：

---

① [美]马丁·丁·奥斯本著：《博弈入门》，施锡铨、陆秋君、钟明译，上海财经大学出版社2010年版，第4-7页。

② 边际效应递减，是微观经济学的基本规律之一。参见平新乔著《微观经济学十八讲》，北京大学出版社2008年版，第96页。

③ 边际投入是指每一单位新增生产的产品带来总成本的增量。边际产出是指增加一个单位可变要素所增加的产量。参见同上，第96页。

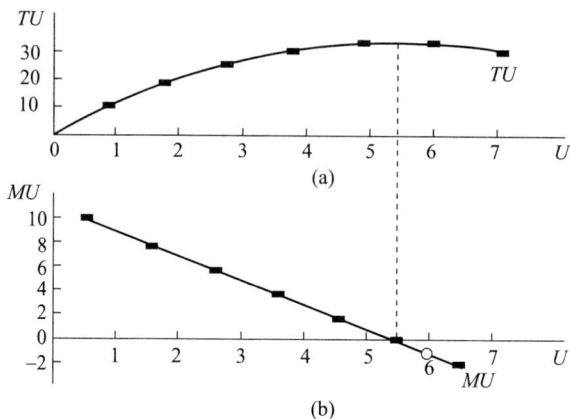

边际效用递减规律在刑法量刑中的运用

　　需进一步关注的是，边际效用递减规律得以适用的前提为，某一要素持续强化而其他因子保持稳定。具体至庭审，即控方由定罪到量刑不断投入力量阐述观点、深化对法官影响，而辩方却一味等待观望未能形成对决态势[①]，致使"检察机关……因无法及时掌握有利于被告人的量刑证据或被害方的合理诉求，而出示的量刑证据不尽全面、准确，其量刑建议进而易在庭上'搁浅'"[②]，从而最终导致控方影响力不增反降的结果。理不辩不明，事不鉴不清。如果将量刑比作一台机器，量刑辩护则是该机器正常运转最重要的部件之一，而辩护律师则是这个部件功能发挥的质的保证。事实上，没有量刑辩护的作用，该机器便无法运转。[③] 唯有在庭审进程中强化辩护，真正形成两者交锋

---

① 很多从事量刑辩护的律师并不进行任何形式的量刑事实调查，而只是局限于公诉方提出的量刑情节进行消极的防御。参见陈瑞华《论量刑信息调查（下篇）》，载《法学家》2010 年第2 期。

② 于天敏：《量刑建议：实践、问题和对策——以重庆市某检察分院及辖区检察机关的实践探索为例》，载《西南政法大学学报》2011 年第6 期。

③ ［英］加瑞·斯拉泊：《刑事辩护律师与英国法律制度》，载陈卫东主编《司法公正与律师辩护》，中国检察出版社 2002 年版，第1 页。

博弈之态势，才能激活"其他因子"，阻断边际效应递减，规避单方信息重复刺激易至法官心理饱和的风险，增加合理评估被告人身危险性及社会危害性的有效证据，不断挖掘新的裁判关注点，并形成累积效应，在边际效应递增规律[①]支配下促成量刑精准化目标的实现。

（二）非零和博弈数学内涵的量刑拓展

异于零和博弈一方受益必然他方受损，对局方损益总和永为零的对抗状态，所谓非零和博弈[②]是指博弈各方收益或损失总和不为零值的非合作下的博弈。诸参与者将超越"你得即我失"的简单关系而不再完全对立，并可能因存在某些共同利益进而合作。

具体至庭审而言，面对公诉方有罪指控，辩护人在定罪阶段往往针锋相对地选择无罪辩护或罪轻辩护等实体性辩护策略，控辩间因立场泾渭分明而势必寸土相争，法官采纳任何一方观点必然意味着对另一方诉讼主张的否定。故在罪与非罪、此罪与彼罪之原则问题上控辩进行的对抗性博弈即为零和博弈。而量刑阶段，法官裁量的精准与否很大程度上取决于量刑信息尤其是酌定量刑情节占有之多寡。控辩均是量刑证据的采集者，亦共为证据利益受益方，即便一方证据提出构成对另一方诉讼主张的威胁，但亦仅为定性前提下刑罚量的调整，并

---

① 边际效用递增规律在西方经济学教材里虽没有明确提出，但我国大陆学者盛晓白2005年在《网络经济与边际效应递增》文中颇有见地地提出了这个规律。边际效用递减涉及的产品或服务总存在一个限度，多是比较简单的物质产品，在质量和性能上没有变化，简单重复性的消费很容易达到饱和状态。而边际效用递增涉及的产品或服务，在质量和性能上不断改进，在消费数量增加的同时，也不断给人们以新的刺激，从而能不断提高人们的满足程度。

② 零和游戏的数学表达式：若将胜计算为1分，负计算为 –1 分，如果A胜次数为N，则B负次数亦为N，如果A负次数为M，则B胜次数亦为M，如是A的总分为（N–M），B的总分为（M–N），最终（N–M）+（M–N）=0。而在非零和博弈中，（N–M）+（M–N）≠0，或者小于0（负和博弈）或者大于0（正和博弈）。

未根本动摇利益之基，并可能提供新的线索与启发，最终为另一方强化观点所用，故控辩方在量刑博弈中均已跳出"得失相抵总和为零"的逻辑圈，是"非零和博弈"的对局人。因此，虽不可否认控辩在质证、法律适用等诸环节仍存争议还有对抗，但双方于事实提供层面并无"你得即我失"的心理隔阂与行动阻障，相互通气应是一种常态。律师阅卷即是在侦控已收集、保全、整理的被害人陈述、证人证言、被告人供述辩解及相关书证、物证中汲取有用证据、发现问题、找寻争议焦点，为顺利辩护铺垫[①]；同时，人民检察院依辩护人提供的案件线索调查取证以及时准确地证实与打击犯罪，据辩护人告知的重要新证据[②]调整量刑建议以客观公正地为法官提供量刑参考。在量刑中控辩双方纵然各有着眼点，均用策略、经验与对方周旋，是独立诉讼主体，不能全然协作，但都期盼量刑公正，因而在证据信息共享上存有共益，故能相辅相成，以非零和博弈之态势促成量刑精准化目标实现。

二、控辩博弈之策略组合：动态博弈与攻守有序化

所谓动态博弈[③]是指，参与人行为有先后，后者能针对前者策略

---

① 根据 2012 年《刑诉法》第三十九条（现第四十一条）之规定，如若辩护人认为公安机关、人民检察院收集的证明犯罪嫌疑人、被告人无罪或者罪轻的证据材料未提交的，可申请人民检察院、人民法院调取有关证据。

② 根据 2012 年《刑诉法》第四十条（现第四十二条）之规定，辩护人对其已收集的诸如犯罪嫌疑人不在犯罪现场、未达刑事责任年龄、属于依法不负刑事责任的精神病人等重要证据，应当及时告知公安机关、人民检察院。

③ 动态博弈，与静态博弈相对，是博弈的一种具体样态。参见［美］冯·诺依曼、摩根斯坦著《博弈论与经济行为》，王文玉、王宁译，生活·读书·新知三联书店 2004 年版，第 425 页。

作出相应举措的博弈样态。博弈后者觉察前者动向，具后动优势[①]而后发制人；博弈前者压缩后者空间，具先动优势[②]而先声夺人。为优化己方策略，对局人均须换位思考，并依对手取舍向时而动。

新刑事诉讼法将量刑纳入庭审，拓展交锋空间，一改以往量刑附属定罪，控辩仓促应战、草草收兵之局，丰富庭审内涵，强化对决效果，为博弈全面展开搭建制度平台。量刑程序获得了相对独立的法律地位，则意味着刑辩律师的量刑辩护也会从实体性辩护中分立出来，成为一种相对独立的辩护形态——量刑辩护。[③]据此，控辩自发表量刑建议与量刑意见始，将相继展开博弈，为实现占优策略必然有的放矢，从而实现攻守有序化。

（一）同一法官裁决下"无差异"控辩多元攻守组合的构建

无差异曲线[④]，是一条标识给消费者带来相同满足度的两种物品不同数量组合的曲线，是同等效用水平下两种商品之各类数量组合集成。为更形象展现控辩双方策略博弈，我们将无差异曲线引入，用此勾勒价值取向同一或类似的法官裁判下控辩双方不同控辩策略组合。

1.动态博弈中的攻守有道

法律是普遍的，应当根据法律来确定的案件是单一的，要把单一

---

① 后动优势，又称次动优势、后发优势，是指相对于行业的先进入者，后进入者由于较晚进入行业而获得的先动企业不具有的竞争优势。参见［美］冯·诺依曼、摩根斯坦著《博弈论与经济行为》，王文玉、王宁译，读书新知三联书店 2004 年版，第 427 页。

② 先动优势，即在市场竞争中，先进入市场者比后进入者存在着的竞争优势。参见［美］冯·诺依曼、摩根斯坦著《博弈论与经济行为》，王文玉、王宁译，生活·读书·新知三联书店 2004 年版，第 427 页。

③ 李建阳：《刑事辩护的新形态——量刑辩护》，载北大法律信息网 http://article.chinala winfo. com/ArticleHtml/Article_58274.shtml，笔者于 2013 年 7 月 2 日访问。

④ 无差异曲线，西方经济学概念范畴。参见平新乔著《微观经济学十八讲》，北京大学出版社 2008 年版，第 57 页。

的现象归结为普遍的现象就需要判断。[①] 如何在庭审量刑中占据判断的制高点，控辩攻守有道。

辩方继控方量刑建议后发表量刑意见，往往先驳后立，初始较多被动，以防为主。据样本法院庭审笔录资料，列表如下：

控辩攻守形势之一

控方（攻）	辩方（守）	
出示不利证据	程序辩护，即证据收集违反程序法规定，如刑讯逼供、视听资料不连贯等，可反守为攻，使控方陷于被动	
	证据辩护，即此不利证据与本案没有相关性，不能说明社会危害性与人身危险性；或者与已有证据相矛盾，不能构成使法官形成内心确信的证据链	
认定从重情节	法律适用层面： ①排除从重情节：不符合从重情节的法定构成要件； ②压缩从重幅度：如虽已构成累犯，但前后两罪的罪质迥然不同	
	事实认定层面： ①证明标准：对被告人不利的事实应采取证据确实充分、排除合理怀疑的高标准，而控方没有达到； ②禁止重复性评价：若某一情节已作为法定刑升格情节，则不能再依此情节加重修正基准刑； ③具体问题具体分析：如抢劫老年人，但该老人偏显年轻，以至被告人没有认识到行为对象为弱势群体；或被抢劫老年人地点位于楼道，既没有如马路抢劫般造成恶劣影响，又没有将行为对象置于孤立无援的封闭境地	

进攻是最好的防御。庭审量刑中辩方希冀法官采纳己方观点，就必须在防守阶段发现控方薄弱点后适时转入战略进攻。一个人的道德观念正常，过去的历史清白，其犯罪行为系由于某种社会激情引起时，这种激情是可以宽恕的。[②] 辩方在求法中往往为被告人求情。特殊预防与一般预防好似同一传动带上的两个轴轮，两者相互作用、同步运转，任何一方都不能脱离一方单独存在。[③] 控方常在双面预防的

---

① 《马克思恩格斯全集（第1卷）》，人民出版社2008年版，第75页。
② ［意］菲利：《实证派犯罪学》，郭建安译，中国政法大学出版社1987年版，第4243页。
③ 邱兴隆、许章润：《刑罚学》，群众出版社1988年版，第105页。

衡平中周旋。

据样本法院庭审笔录资料，列表如下：

控辩攻守形势之二

	辩方（攻）	控方（守）
据理	出示品格证据、意见证据、倾向性证据，说明人身危险性较小、再犯可能性较小	①指出证据资料本身与本案无关联，不具有证据资格； ②取证违法（刑法第三百零六条）； ③出示新证据以证明人身危险性大； ④认为一般预防的必要性大于特别预防
	①出示被害人谅解书、赔偿损失证明； ②表示被告人愿意退赃退赔和缴纳罚金	①鉴别谅解书真伪、查明谅解是否自愿、是否全额赔偿； ②指出在诸多裁量事实中上述情节地位并不显著，不能扭转从重量刑的趋势； ③承认情节属实，同时指出是可以从轻，并非应当从轻
	提请法官注意调整基准刑时不同量刑情节累加的先后次序和计算方法	同意，补充不完善处
依情	①犯罪人犯罪时刚满十八周岁的； ②被告人正处于哺乳期的； ③被告人有未成年子女无其他抚养人的； ④被告人系农村独生子女的； ⑤被告人有重大发明创造的； ⑥保留被告人对破获其他重大案件有重要作用	①出示证据证明被害人遭受的精神损失、经济损害，显示罪行社会危害性大，不容从轻； ②指出本案一般预防的必要性大于特别预防

2. 策略方阵里的攻守组合

"水因地而制流，兵因敌而制胜"[①]，控辩在攻守互动中机动制定己方策略。经查阅某法官 2013 年半年审理的 22 件有辩护人参与的刑案庭审笔录与判决，并与该法官座谈，我们将控辩攻守策略总结如下：

---

① 《孙子兵法·虚实篇》曰："水因地而制流，兵因敌而制胜。故兵无常势，水无常形，能因敌而取胜者，谓之神。"

某法官裁决下控辩动态博弈策略组合情况

	控攻辨守			辨攻控守		
	控方	辩方	法官	辩方	控方	法官
证据博弈	出示关键新证，以新求胜	程序辩护＋证据辩护	采控①：3 采辩②：0	出示品行证据、意见证据	与案件无关；刑法第三百零六条	采辩：1 采控：2
	组合关联证据，以气势和逻辑结构求胜	证据辩护（破坏证据链）	采控：2 采辩：1	出示谅解书、退赃退赔证明	鉴定为伪、查明非自愿、未能全部退还	采辩：2 采控：0
	合计		采控：5 采辩：1	合计		采控：3 采辩：2
法理博弈	社会危害性＋人身危险性（特殊预防）	①犯罪人类型：激情犯、初犯、偶犯 ②被害人过错与犯罪动机 ③犯罪形态：中止、未遂	采控：1 采辩：3	罪轻辩护＋量刑辩护（对具体情节的裁量幅度提出意见）	坚持重罪指控，一般对辩方量刑要求不作回应	采控：1 采辩：3
	一般预防＞特殊预防	①恢复性司法、回归社会 ②刑事政策、民愤、舆论不是量刑依据 ③主张被告人人权：被告人不能成为实现功利目的的工具	采控：1 采辩：0	量刑辩护（动机、主观恶性、人数、时间、地点、对象、打击部位、手段、事后没有反侦查、有自首情节等）	逐一回应③	采控：0 采辩：2
	合计		采控：2 采辩：3	合计		采控：1 采辩：5

由上，同一法官裁决（即价值取向无差异）下，在控攻辩守中，证据博弈阶段策略组合实力配比为控5辩1，法理博弈阶段为控2辩3；在辩攻控守中，证据博弈阶段策略组合实力配比为控3辩2，法理博弈阶段为控1辩5：共同昭示着法律背后的法官个体素质④。

---

① 法官最终因控方该论据采纳控方观点的案件数。

② 法官最终因辩方该论据采纳辩方观点的案件数。

③ 往往指出前科劣迹，指明在共犯中起支配作用，展示时间地点选择的偶然性，说明打击非致命部位是认识错误所致、事后未能反侦查是客观条件不具备、自首是走投无路的选择等。

④ 在法律允许范围内，法官对控方或者辩方意见的支持和反驳体现着该法官的价值取向、法律素养和对宽严相济刑事政策的理解。

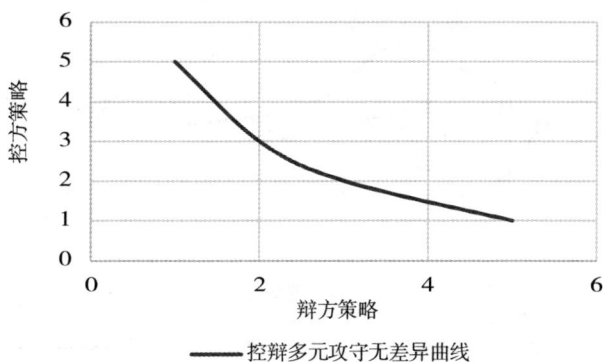

控辩多元攻守组合无差异曲线图

（二）不同法官裁决下"最有效"控辩合法策略组合的达成

1. 相异价值取向下的若干策略组合

不同价值取向的法官量刑时对宽严度把控相异[1]。我们依女性资深、男性资深、女性高学历、男性高学历之分类定位各类法官各一名，并将之审理的 2012 年盗窃案情况进行了统计。相异价值取向下控辩动态博弈策略组合情况如下：

不同法官裁决下控辩博弈策略组合

	控攻辩守实力配比（控：辩）		辩攻控守实力配比（控：辩）	
	事实博弈	法理博弈	事实博弈	法理博弈
男性资深	1:5	2:2	3:1	2:2
女性资深	4:3	2:6	7:2	2:6
男性高学历	3:8	4:6	8:4	3:8
女性高学历	5:9	10:5	7:6	2:1

---

[1] 具体情况可参见钱岩：《宽严相济刑事政策适用状况的评价因素研究——法社会学方法的引入》，中国人民大学 2012 年博士毕业论文。

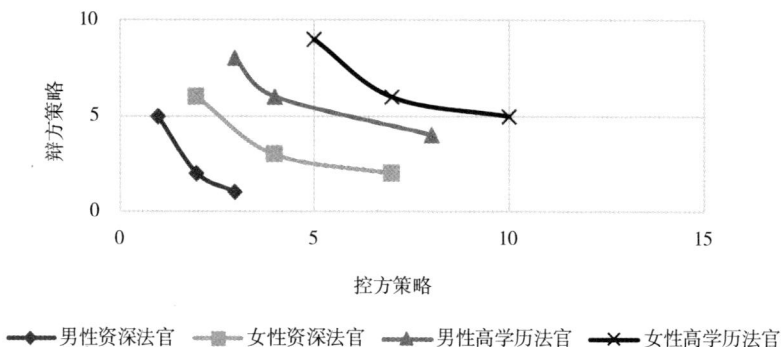

不同司法官裁决下控辩策略多元组合之一

依图，曲线距原点愈远，则辩方策略对法官影响力愈大，即表明法官刑罚裁量愈轻缓。

2. 相同法律规制下的最有效策略组合

最有效合法策略组合是在法定幅度内控辩对裁判影响合力最大、法官量刑最为轻缓的策略组合。经查阅连续三年盗窃案庭审笔录、判决并与若干法官座谈，我们获得控辩双方博弈的实证情况。控辩的动态博弈不仅实现着自身利益最大化，亦规限法官自由裁量权。其中，最悬殊的控辩实力比可视作不容法官超越的权力边界（即某一时期法官若超出此控辩比例而更多考虑控方或辩方要求，即是打破控辩衡平、滥用自由裁量权）。我们稍作处理①，标注于X、Y轴，并将此直线

---

① 在辩方占明显优势时，辩控实力比为1:9，即双方实力相差9-1=8，为了在X轴上进行标注定位，我们将控辩实力比极限定位为0:8；在控方占明显优势时，控辩实力比为3:31，即双方实力相差31-3=28，为了在Y轴上标注定位，我们将辩控实力比极限定位为0:28。同时，为了显示预算线和无差异曲线的相交情况，根据图3曲线的已然走势对之进行了向上与向下的延伸。

函数作为法律红线。借用预算线、无差异曲线概念与原理[①]，图中[②]多条无差异曲线代表不同类法官承办案件中控辩博弈策略选择，而法律红线即量刑预算线限制着控辩选择空间。量刑预算线与无差异曲线的切点是法允许范围内的最高点，即是合法前提下达致最轻刑罚效果所需的控辩策略组合。

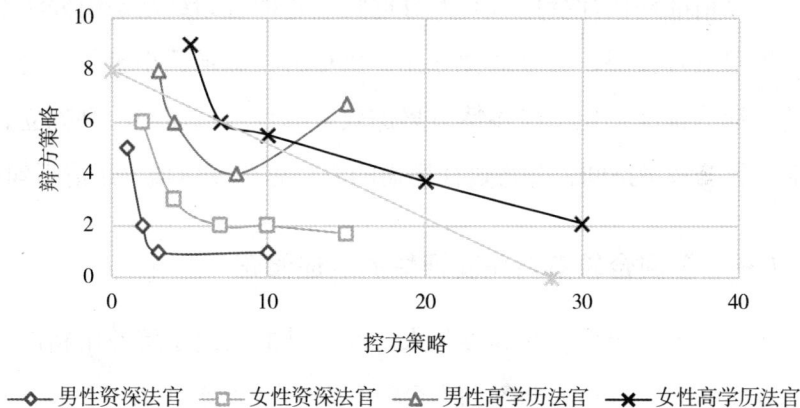

不同司法官裁决下控辩策略多元组合之二

三、控辩博弈之进路详述：不完全信息博弈与操作阳光化

所谓不完全信息博弈是指对局人在对彼此间特征、策略等信息不

[①] 预算线，经济学概念，又称消费可能线、预算约束线，是用来表示消费者在一定收入和商品价格条件下，用其全部收入所能购买的两种商品的不同数量组合，代表着消费者的消费能力。只有那些与预算线相交的无差异曲线才在消费者现实选择的可能之内。
预算线约束能与多条无差异曲线相交，但只会与一条相切。该切点在预算线上，属消费者能力允许的范围内，同时又是预算线所能达到的最高无差异曲线上的一种商品消费组合，因此，该切点代表了消费者预算所能达到的最高效用组合。参见平新乔著《微观经济学十八讲》，北京大学出版社2008年版，第810页。
[②] 本页之图是在第12页图基础之上依该图各曲线走势将各条曲线做了延展而成。

甚了解情况下进行的博弈。新刑诉对证据开示进行扬弃，确立庭前会议制度，但因其属授权规定，在案多人少的基层司法实践中真正贯彻尚需时日。因而，控辩间仍缺乏有效的信息交流渠道，其交锋是一种不完全信息博弈。①

控辩在试探性对抗中不断调整、完善策略。其过程不仅展示丰富事实，以精准评估社会危害与人身危险性，而且始终动态引领法官思路、规限法官权限，大至刑种选择、执行方式确定，小至单一情节影响基准刑的幅度细化、诸多情节累加效果的计算次序与法则确立，从而渐进压缩裁量空间，并将过往模糊的逻辑思路以白描手法清晰勾勒。

（一）多回合较量对先验评估的逡巡修正

如上，不完全信息博弈参与人之间对彼此情况了解并不精准，不知他方实际采取的具体战略。但经海萨尼转换②，参与人可正确判断对方所属类型与最终选择的对应关系，并在给定对方类型分布概率的情况下作出自己的选择，从而使自身利益最大化。即不完全信息博弈下对局人间策略选择是类型依赖性组合。

具体至量刑方面而言。假设：辩方经阅卷已知控方依案卷内证据将作从轻指控，却不知侦检是否由补充侦查收集到足以从重指控的关

---

① 虽然 2012 年《刑诉法》第四十条（现第四十二条）规定了辩护人庭审前的开示义务，但也仅是针对犯罪人不在犯罪现场、未达刑事责任年龄等特定证据而言。同时，根据《刑诉法》第三十九条（现第四十一条），侦、检不得隐匿在侦查、审查起诉阶段的证据，必须予以开示，但如案件起诉至法院在辩护人已阅卷后或二次开庭时补充侦查到新证据，辩护人可能并不充分知晓情况。又如，公诉方有时是当庭提出量刑建议，而非在起诉至法院时随案移送。同时，控辩双方的争议焦点在庭前也并未完全明朗化。

② 海萨尼转换即是将不完全信息博弈不确定条件下的选择转换为风险条件下的选择。在风险条件下，B 虽然不知道 A 的类型，但可以知道不同类型的分布概率。通过海萨尼转换，不完全信息博弈变成了完全但不完美信息博弈。参见［美］哈德罗·W. 库恩著《博弈论经典》，韩松、刘世军等译，中国人民大学出版社 2004 年版，第 377 页。

键证据，但辩方了解到事实指控方面控方的两种常见策略类型。即，控方属"依卷内证据"型时，若辩方提出品格证据等新证作证明辩护，控方策略为不从重；控方属"依补充证据"型时，针对辩方同样做法，控方策略为据补充收集到的关键证据从重：

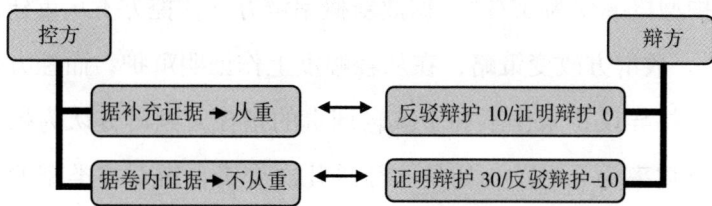

不同证据类型的量刑及收益比

据对若干律师的问卷调查，在控方据卷内证据不从重指控时，辩方证明辩护与反驳辩护的收益比大体为 30:(-10)；据补侦证据从重指控时，二者收益比大体为 0:10。设控方依卷内证据的概率为 x，则依补侦证据的概率为 $1-x$。那么当控方据卷内证据的概率大于 20%[1]时，辩方采取证明辩护更为有效。

同时，不完全信息动态博弈中决策有先后，根据贝叶斯法则[2]，后动者可观察先动者行为并获取先动者信息，从而渐进修正自己的判断。结合实证调研，以一案例说明[3]。在博弈开始前，辩方预测控方为

---

[1] 辩方选择证明辩护的预期利益是 $30x+0$（若控方依卷内证据不从重，则证明辩护收益 $30x$；若控方依补充证据从重，则证明辩护收益为 $0(1-x)$。辩方选择反驳辩护的收益为 $-10x+10(1-x)$（若控方依卷内证据不从重，则反驳辩护收益 $-10x$，若控方依补充证据从重，则反驳辩护收益为 $10(1-x)$。当 $30x+0-10x+10(1-x)$ 即 $x20\%$ 时，辩方采证明辩护的诉讼收益大于采反驳辩护所获收益。

[2] 贝叶斯法则是概率统计中的概念，即应用所观察到的现象对有关概率分布的主观判断（即先验概率）进行修正的标准方法。

[3] 在此抢劫案中，被告人未满十八周岁，是抢劫集团主犯（该团伙专抢老年妇女财物），并有劣迹（曾因猥亵妇女被行政拘留），同时又有具备自首情节，并由家属代为退赔，获得被害人的谅解。控方当庭提出量刑建议。

实现报应与特殊预防（社会保护型）而建议从重量刑的概率为70%（先验概率＝70%），则辩方作反驳辩护时控方不从重概率为44%[1]。博弈开始后，控方以在诸事实中酌定从重情节非影响本案量刑的主要情节为由，未提出从重量刑建议，则依贝叶斯法则，辩方认为控方属社会保护型概率变为32%[2]。据此新概率辩方评估控方不从重建议概率74.4%[3]。故辩方改变策略，在从轻幅度上作证明辩护，而控方对自首等证据不持异议，未作不利于减轻刑责的指控，则辩方认为控方属社会保护型概率为8.6%[4]。如是，经过几次交锋，辩对控类型的判断逐渐变化而认为控方属人权保障型，从而渐次修正辩护策略，采取继续出示品格证据等策略。

（二）多策略变动对量刑过程的轨迹追踪

不同于德日[5]，我国量刑多采点的理论[6]，故"那些从重或者从轻、

---

[1] 当辩方进行反驳辩护时，若控方基于被告人回归社会考量主张不从重概率100％，若控方基于实现刑罚双面预防目的主张不从重概率仅为20％，则控方不从重概率是：$(1-70\%)\times100\%+70\%\times20\%=0.44$

[2] $70\%\times20\%\div0.44=0.32$

[3] $32\%\times20\%+（1-32\%）\times100\%=0.744$

[4] $32\%\times20\%\div0.744=0.086$

[5] 德日等国采幅的理论，即认为与刑事责任相适应的刑罚具有一定的幅度，法官应当在此幅度范围内考虑预防犯罪的目的，最终决定刑罚。具体内容参见［日］城下裕二：《量刑基准的研究》，成文堂1995年版，第83页。

法官不断对刑法中的法定刑进行修正，形成多个幅度且范围不断缩小的处断刑，最终在幅度最小的处断刑范围内找到适当的宣告刑。这样的量刑能够让被告人以及公众非常清楚地了解法官量刑结论的形成过程，增加了判决的公正性和说服力，提升了被告人以及社会公众对刑事判决的认同感。参见吴情树：《量刑程序有必要引进处断刑的概念》，载西北刑事法律网，笔者于2013年6月21日访问。

[6] 点的理论认为与责任相适应的刑罚只能是正确确定的某种刑罚点，而不存在幅度，在确定了与责任相适应的具体刑罚点之后，为了考虑预防犯罪的需要，可以修正这个点，但不能偏离这个点。具体内容参见［日］城下裕二：《量刑基准的研究》，成文堂1995年版，第83页。

减轻处罚的情节到底是如何影响以及在多大程度上影响宣告刑的确定无法在量刑过程中体现出来，量刑的步骤无法让被告人和公众熟知①"。量刑不仅是实体结果，更应是一种公开程序。《刑诉法》将量刑纳入庭审，控辩经攻守互动，多环节规限法官权限、多方位展示量刑过程，从而实现裁量透明化。

不同策略下的量刑程序

量刑过程素描 / 博弈策略焦点	事实圈定	法律适用
①证据资质（真实、合法、相关）合法性：反守为攻；相关性：品格证据等能否成为量刑参考 ②证明标准：严格证明标准还是优势证明标准 ③构成要件：如自首是否成立，累犯前后罪不同对从重幅度的影响 ④刑罚目的：一般预防与特殊预防的衡平 ⑤⑥⑦ *②	①裁量事实筛选：案中事实（基本事实＋影响量刑的其他事实）、案外事实（人身危险性评估＋品性证明＋求情事实） ②证据真伪鉴别（鉴定、评估、谅解书、协议是否自愿） ③犯罪数额确定（标准③＋方法④）	①多情节（逆向情节）影响力评估 ②单情节幅度确定 ③调节基准刑次序⑤及方式⑥ ④数罪并罚各罪刑种与刑期的确定 ⑤禁制令适用 ⑥罚金适用与数额 ⑦执行方式（实刑/缓刑）

---

① 吴情树：《量刑程序有必要引进处断刑的概念》，载西北刑事法律网，笔者于2013年6月21日访问。

② ⑤法律原则排序：如在个案中强调犯罪人社会回归、被害人获得赔偿的恢复性司法、人权保障原则占优，还是平复民愤、实现报应的社会保护原则占优。⑥保护的终极法益：如刑法通过打击盗窃而保护的终极法益究竟是所有权还是一种占有秩序。⑦其他：如提示适用禁止量刑重复评价原则；案发时被告人是否确已辞职（以确定被告人的诈骗行为是构成诈骗罪还是职务侵占罪）。

③ 是以被害人损失为准，还是以盗窃物的一般市场价值为准，例如天价葡萄事件。

④ 比如，犯罪对象是作为收藏品的流通货币，则是以面值计算犯罪数额，还是以进货价计算犯罪数额。

⑤ 对于未成年、未遂等"修正的犯罪构成"事实情节与其他罪前罪后量刑情节并存的，先用"修正的犯罪构成"事实情节对基准刑进行调节，在此基础上，其他罪前罪后量刑情节再依照"同向相加、逆向相减"的方法进行调节。

⑥ 具有未成年人犯罪、限制行为能力的精神病人犯罪、又聋又哑的人或者盲人犯罪、防卫过当、避险过当等特殊情节对于基准刑的调节方法是部分连乘法，而此类特殊情节以外的其他情节调节基准刑的方法是"部分相加减"，即"同向相加、逆向相减"法。

四、控辩博弈之瓶颈突破：
经济理性 ① 与帕累托最优 ②

诚然，控辩博弈为庭审量刑注入生机，但金无足赤。经济人间的理性对决必然奉行手段穷尽、推崇私利最大，个体胜出乃规则使然，小众受益是机制预设。而这与正义、人道、保障人权和保护社会并举的法律价值相悖。作为公平与效益的"理想王国"，帕累托最优强调整体效益最大，具体至量刑即是在衡平各方利益基础之上真正实现裁量正义。如何去糟取精、实现帕累托优化？法官对庭审的掌控不容忽视。

（一）刚柔并济，走出囚徒困境之迷失

囚徒困境作为非零和博弈的经典例证，昭示着个体理性与集体理性之矛盾。囚徒在猜忌与逐利中迷失自我而排斥合作，其追求之局部效果最佳却非整体利益最大。司法实践中，若过分强调当事人主义，强化控辩方交锋，可能会因证据突袭阻滞集中审理，因法律事实忽视客观公正，因纠缠末节贻误调解时机，因慑于强势弱化社会效果。为此，法官须积极把控庭审，排除合作障碍，以刚柔并济之势导流诉讼。

---

① 经济理性指代经济活动的任何参与者追求物质利益最大化的动机。对于消费者，就是追求效用最大化，对于生产者，就是追求利润最大化。

② 帕累托最优也称为帕累托效率或帕累托最适，是经济学中的重要概念，是公平与效率的"理想王国"，指资源分配的一种理想状态。假定固有的一群人和可分配的资源，如果从一种分配状态到另一种状态的变化中，在没有使任何人境况变坏的前提下，使得至少一个人变得更好，这就是帕累托优化。而帕累托最优的状态就是不可能再有更多的帕累托改善的状态。参见平新乔著《微观经济学十八讲》，北京大学出版社 2008 年版，第 306、308 页。

1. 运用庭前会议化疑解难（利益驱动）

合作是一种受益性趋同结果。控辩双方可能因立场、观念相异互存芥蒂、不相信任，这势必影响诉讼整体效益与量刑精准化目标之实现。法官应适时召开庭前会议，为双方对程序、非法证据排除等相关问题发表意见搭建平台，允许公诉方就特定证据收集说明情况，同意辩护方补充鉴定、重新鉴定的合理要求，引导双方加强沟通、增进信任，并适时启动程序、作出决定，树立审判机关的公正形象。通过庭前会议制度使控辩进一步认识到彼此并非追逐私益的经济人，而是共同服务于定罪准确、量刑公正大义的法律人，唯有相互信任、坦诚相待，交换证据、明确焦点才能还原真实、实现各方的诉讼利益；推动双方从共益双赢出发携手合作，合力形成量刑精准化证据链条，避免控辩因信息不足、信任缺失而轻作单方抉择。

2. 把控法庭审理释法明责（法理约束）

合作是一种受迫性反应机制。控辩双方参讼目的有别，审视角度各异，庭审中可能抛出无关问题混淆视听、纠缠细枝末节拖延审判、夸大案件事实博取同情、曲解对方言论误导舆论。于此，法官应及时释法明义，提出控方责任[1]，提示辩方责任[2]，以"控诉方承担证明责任，抗辩者承担证明责任，否认者不承担证明责任"之原则强化证明责任、突出庭审导引，并适时阐述事后态度对刑罚裁量的影响幅度，从而依法为控辩设置有充分威胁度的可置信威胁，使双方认识到和则两利、斗则俱伤，而自觉约束言行，加强量刑事实调取展示上的合作，避免控辩因权责不明、顾忌不足轻作利己抉择。

---

[1] 尽管《刑诉法》并未明确量刑事实的证明责任问题，但立足司法实践，有必要强调控诉方对量刑事实的证明责任。

[2] 根据《刑诉法》，辩护人对特殊辩护理由的证据具有开示义务。

（二）义利并举，化解智猪博弈之危机

智猪博弈作为传统博弈典范之一，彰显着最终结局对初始理性的背叛。具有充分优势的大猪被套上疲于奔命的枷锁，而处于明显劣势的小猪则坐享其成；怠惰者的不劳而获冲击着朴素的正义观，并渐成理念危机。在司法实践中，辩方因调查能力不足、调查权限有限，调查阻碍偏大而选择规避取证风险、倚重案卷材料，成为不作为的"小猪"。当辩方以消极等待作占优策略时，法庭可能成为控方一言堂，庭审功能将会虚化，"假如……辩护方在开庭前不进行任何量刑事实的调查。也提不出有意义的酌定量刑情节，那么，法庭就量刑问题所组织的调查与辩论就会流于形式"①，而这对审判公正的危害是不言而喻的。为此，法官须走下神坛，坚守能动司法理念，以义利并举之措正本纠偏。

1.恪守证据法则，裁判有据（法义规束）

据《刑诉法》及相关法理，控方对定罪量刑事实均负证明责任，但并不能因此认为辩方享有举证豁免。法官应依"否认者不承担证明责任，抗辩者承担证明责任"原则，在量刑环节严把证据关，当辩方提出被告人已赔偿经济损失、取得被害方谅解、有老幼需照料、有重大技术发明或被害方有过错等酌定量刑情节时，要求辩方提供相关证据支撑其诉讼主张，否则不予支持。通过证据法则鞭策辩方积极履责，以化解庭审虚化危机。

2.支持人格调查，裁判有理（利益引导）

我国虽不属判例法国家，但生效判决作为具备特定法律效力的裁

---

① 陈瑞华:《论量刑信息的调查（上篇）》，载《法学家》2010年第2期。

判文书是国家意志的体现，具有司法公信力，是指引国民言行的风向标。法官在制作判决时，应充分考量辩方提供的量刑证据，尤其是人格调查报告，对其中涉及被告性格特点、家庭环境、精神状态、知识水平、健康状况、社会交往、成长经历及犯罪前后表现的情况仔细斟酌，予以体现。从而在实现罚当其罪、刑罚个别化同时，以最终实体获益引导辩方搜集证据，自觉摒除搭便车。

（三）情法同行，超越鹰鹰博弈之范式

鹰鹰博弈作为鹰鸽博弈三部曲其一，揭示出勇者胜身后相斗必伤之困窘。鹰凶悍霸道、孤注一掷，非身负重伤决不退却，而鹰鹰对决势必针锋相对、两相俱损；相较"不战而屈人之兵"，鹰鹰博弈仅存匹夫之勇，不足为道，应予超越。司法实践中，控辩绝非纯粹诉讼竞技人，但有时因立场相对，而援引《刑法》第二百四十七条、第三百零七条、第三百九十七条等相互攻击，以势压人，从而偏离量刑精准公正的庭审宗义。法官作为诉讼导引员与指挥官，应切实秉承证据裁判，把握辩论焦点，及时制止不当言论与末节纠缠，使控辩重回理性轨道、超越"势足者胜"之范式。

1. 因势利导，坚持程序裁判，还原真实

对于辩护方当庭申请非法证据排除，法官应分清原因、综合判断。有些情况属有苦难言：如，一审中慑于控方气势，害怕报复而只字未提，二审在上诉不加刑原则保护下提出排除请求；有些情况则属有意为之：如，因对检方指控心怀不满，而故意制造事端混淆视听，拖延审判。对前者，法官可根据辩方提供的线索、材料及时作出判断，在形成内心怀疑后启动"审判之审判"，要求公诉方对证据合

法性进行证明，并查看讯问过程录音录像、调取出入看守所的体检报告，对刑讯逼供所获口供坚决通过程序裁判予以排除。对后者，法官应从被告口供是否一致、审前供述与其他证据能否印证、被告翻供原因等方面进行甄别，还原真实情况，作出不进行调查决定，从而拨乱反正，为量刑辩论把舵。

2. 因案制宜，坚持证据裁判，还以清白

有些案件较复杂，辩护人为厘清是非、争取主动、获得更多话语权，往往积极取证，主动调查，从而为法官提供丰富的量刑材料（尤其是死刑案件）。此时，对检方依《刑法》第三百零七条的指控，法官更应从保护辩护积极性的长远考虑着眼，坚持证据裁判，严守"事实清楚、证据确实充分"底线，并在此基础上形成内心确认，从而最大限度尊重客观事实、维护被告权益，还控辩以清白。

依帕累托 80/20 原理[1]，法官作为在庭审中发挥着举足轻重的重要作用，故尤应秉持公正原则，始终聚焦案情要旨，及时制止不必要争执，使控辩重回合力助推量刑精准化轨道，实现量刑效果的帕累托最优，从而使民众在每一件个案中感受到公平正义。的确，法院是法律帝国的首都，法官是法律帝国的王侯[2]，唯有在法官的引导与把控下，控辩博弈才能持续释放正能量。

---

[1] 此原理由 19 世纪末期 20 世纪初期意大利经济、社会学家维弗利度·帕累托所提出，指在任何特定群体中，重要的因子通常只占少数，而不重要的因子则占多数，因此只要能控制具有重要性的少数因子即能控制全局，80% 的价值是来自 20% 的因子。

[2] [美] 罗纳德·德沃金:《法律的帝国》，李长青译，中国大百科全书出版社 1996 年版，第 361 页。

死刑案件事实认定进路探析

——从封闭现场的行为证据分析切入

　　死刑案件冤、假、错极易吸引各方关注、引发舆情，更危及党和政府形象、损害司法公信。唯有像防范洪水猛兽一样来防范冤假错案[①]，人民群众才能真正从每一件命案中感受公平正义、沐浴法治阳光。故，恪守证据裁判原则，严把事实认定关卡，审慎采信证据、精准研判细节、严谨适用推理、客观还原真相、排他形成确信，是确保死刑案件"零差错"的应有之义与重中之重。封闭现场是指案发当时没有目击证人及所留物证相对较少的现场；面对被告人的辩解或推诿，法官将如何甄别口供真伪，并评估细节事实，进而做出罚当其罪的判决？这已成为死刑案件事实认定的瓶颈问题。文章将在宽严相济刑事政策与"保留死刑、严格控制和慎重适用死刑"政策指引下，通过引入相关方法论，借石攻玉，解读行为证据[②]、深入探索死刑案件事实认定之途，以期在细化证据规则、整合实务经验、规限自由裁量的基础上，窥度罪犯心理、重建犯罪现场，推进法律事实与客观事实统一。

[①] 沈德咏：《我们应当如何防范冤假错案》，载 2013 年 5 月 6 日《人民法院报》，第 2 版。

[②] 即证明行为内容、过程、特征的证据。

一、事实认定之困：要件信息缺省后的真相迷局

刑事案件一经发生，不可回溯。认定事实往往需借力现场遗留物证与目击者证言，并细致分析口供。几相比对、印证，若待证事实外延相互覆盖、重合，证据锁链得以环环相扣，法官即可排除无罪的现实可能，形成确定无疑的内心确信。这是证据完好、确凿下的司法判断常态。而伴随犯罪智能水平提升，规避侦查的有组织的犯罪日趋增多，犯罪人常带走作案工具，并清理血迹、体液、精斑、脚印、发丝等重要物证，力求销声敛迹。加之一些案件侦查机关固定、保管证据方面多有疏漏，检察机关"带病"起诉，人民法院在客观还原真相、准确认定事实上面临困境。如下将以两则审判实例说明。

案 1：现场勘查仅提取到 A 租房椅座背面接缝处血斑，经鉴定系 B 所留。房东证实 A 在 B 失踪后提前退租，并粉刷房间。A 曾供在此杀 B 并肢解，于他处焚毁，但二审时否认。未能找到 B 的尸骸。

凶器不在案，尸体未找到，现场已被彻底清理，无目击者。血斑承载的直接信息是：B 曾于此受伤。毕竟一滴血不足以毙命。B 是否罹难、A 是否真凶，证据残局考验法官的判断力。

案 2：C 身中两弹，击腹而亡，腔内留弹杯；另有腿伤，现场有弹杯。D、E、F 涉案：当天，D 开本田雅阁；E 位于 D 旁，F 坐 E 正后，二人均携枪。现场提取弹杯一枚、塑料一片。F 到案后承认全部罪责，后翻供，否认开致命第二枪。

秉持"保留死刑，严格控制和慎重适用死刑"精神，法院裁量极为审慎，实行严格的司法控制。第二枪为何人所发，牵涉对主犯的认

定，影响对罪责最重者的判断，成为量刑之重。没有证人指证、未作弹道分析，时过境迁，要件信息因无证据支撑而扑朔迷离。谁是元凶，事实谜团挑战法官的剖析力。

二、事实认定之析：案发现场重建下的证据分析

支离的现场阻隔真相，同时也散有些许痕印：或是隐处一枚血斑，或是暗角一片塑料，或是犯罪嫌疑人仓皇下未收起的绳子，或是其疏漏中遗留的布丝……毕竟雁过留声，它们挥之不去。事实不容回溯，但真相可以复原。犯罪再现是指对曾发生过的犯罪活动进行推断。再现过程不是对现场的简单复原，而是对罪行进行重现。通过物证和行为证据分析罪行模式，推断罪犯特征的过程被称为"行为证据分析"。[①] 以下将结合法庭科学与审判特点，由细节分析填补痕迹空白，经模式解读勾勒个性特质，在行为研判的基础上，白描罪犯人格征表，重建案发第一现场。

（一）细节证据的发掘与痕迹学考证

依洛卡尔物质交换原理，当作案人与外界接触时，就会发生物质交换，他会在现场或被接触人身上留下自身物质，也会从中带走某些物质。这些细碎屑片、潜在痕迹，经认真观测、缜密思维、科学解读，能成为法官甄别真伪、指证犯罪的有力物证。

---

① ［美］布伦特·E.特维：《犯罪心理画像——行为证据分析入门》，李玫瑾等译，中国人民公安大学出版社 2005 年版，第 55 页。

1. 细节证据对事实的拼接式复原

细节证据是附着于现场却易被忽略的蛛丝马迹。无论犯罪人在哪儿停留，接触什么，遗留什么，即便是无意识行为，物证都将作为无言的证人目睹一切。[①]缘于现场，又延伸现场，细节碎片的多维拼图将展现无限接近客观事实的法律真实。

第一，关联性证据显示物间位置，因昭示相对关系而使现场立体化。正如将弹壳和弹道结合就可推断枪手位置，关联性证据在联系与运动中拓展现场维度。血迹形状比 DNA 分析更能说明问题[②]，因为它融合现场空间、光线、温度、角度等诸元素，对致伤力可进行周详诠释。"迈阿密母女被害案"[③]的侦破便是例证。警官威尔逊因发现被拉门遮挡的墙上米粒般大小的血迹而兴奋不已：它证明作案时入口的门是关着的。否则，飞溅的血滴不会在此出现。这是拨云见日的关键物证。因移动劣质拉门会发出很大声响，人会回头张望，但被害人恰没有，她一直忙于活计……由此推测，作案人是能自由进出、与死者关系密切者。案件出现转机。

第二，顺序性证据确定运动方位，因标明作用力朝向而使现场生动化。血滴尾尖指向溅血处，鞋印尖是前进方标，血喷点暗示动作走势，局部凹陷说明物体撞击于此。"弗吉尼亚凶杀案"[④]中，死者艾丽仰卧，无向下流淌的血迹；伤口条状，平行分布。下身无血说明遇害时她没有下床、不曾站立；平行创显示无躲闪及反抗，这非有意识的

---

① [美] 布伦特·E. 特维:《犯罪心理画像——行为证据分析入门》，李玫瑾等译，中国人民公安大学出版社 2005 年版，第 99 页。

② [美] 布伦特·E. 特维:《犯罪心理画像——行为证据分析入门》，李玫瑾等译，中国人民公安大学出版社 2005 年版，第 83 页。

③ 诸葛文:《CSI 犯罪现场调查》，中国法制出版社 2013 年版，第 21 页。

④ 诸葛文:《CSI 犯罪现场调查》，中国法制出版社 2013 年版，第 7 页。

举动。故很可能艾丽已被一击毙命。

第三，功能性证据表明操作状态，因彰显作用原理而使现场细腻化。枪支保险未开或枪膛子弹充盈，即是排除自杀或识破伪造现场的功能性细节证据。此类证据常携大量信息，将使现场复原与案件推理更为细致有力。如"克利夫兰枪杀案"[1]，子弹从安娜左耳上方射入头部，手枪在尸体旁边，有死者的指纹……近距离射击，因子弹裹挟火药而出，会在皮肤表面留有挫伤轮和擦拭轮，周边亦会出现烧伤痕。而枪顶头部射击，出现的喷溅状血雾更会反弹到自杀者手上。而安娜手上血斑浓淡不均，无火药沉着；头部创伤无灼烧痕。警察由此识破这是伪自杀骗局。

2. 现场痕迹对行踪的动态式模拟

痕迹是在承痕体上反映造痕体外表构造与作用力特性的印记。法官通过对现场痕迹种类、形态、结构的分析比对，可判断作案人数、体貌特征、性别、年龄及职业，并模拟案发现场。

第一，手印对研判动作习惯的作用。

手印现场分布与朝向常反映左右手解剖学位置与最大功能域，进而显示动作习惯。故，观测手印可鉴真凶。如，某单位失窃，十万元现金被盗。[2]撬损桌表留指纹一枚，属员工高某。但其常坐桌前，遗有痕印属情理之内。该案一度陷入僵局。侦查员恰凭对手印的精准分析，逐层深入、打开缺口。先自痕位始，相较办公者指尖冲外不同，该印指尖朝向桌内缘，异于常情、悖乎常理；再由痕形析，手印纹线宽粗且多，箕口偏左，应为左拇指所留，并右呈圆弧，左端斜直，似

---

① 诸葛文:《CSI犯罪现场调查》，中国法制出版社2013年版，第38-41页。
② 案例来源：谢滨键:《犯罪遗留手印分析》，载《消费导刊》2010年第3期第111页。

右倾用力所致；加之，距抽屉目测不足一扎，符合右手盗撬、左手支撑的动作形态。高某终认罪。

第二，血痕对定位动作轨迹的作用。

血痕形态及分布与动作、体位关系密切：有何动作就有何对应血痕，而体位则直接影响血溅高低、方向。

其中，滴落状血痕显示带血体运动轨迹，及血源体高度、方位。"7·29 杀人抛尸案"[1] 曾无法查明尸源而几成死案，正因对滴落血痕的独到解读而柳暗花明。办案人首先依轮胎印判断运尸工具，缩限运尸工具为面包车或轿车，而后，从胎痕右侧滴落血切入，据滴落血痕如实记录血源体运行轨迹之特性，认为若轿车运载，尸藏后备厢，血迹应现于车尾或侧后，此和勘查相左，而面包车旁侧开门，移尸路线能与血痕指向吻合。从而锁定运载器械，案件因之峰回路转。

擦拭状血痕具有鲜明的方向性，可再现损伤后活动情状。李昌钰破"唐兹兄弟案"[2] 时，恰经追踪擦拭血痕而重建犯罪现场。李博士先是披沙拣金、凭血验凶，于斑驳物证中敏锐发现车左后挡泥板上隐约的揩擦状血痕，紧接着剥茧抽丝、沿血寻踪，依血从上到下、由左至右之指向，大体勾勒生前身位，形象演绎遇害片段；随后，鞭辟向里、执血索证，用尸旁凶手足印、三枚弹壳落点等补强证据、填充细节，立体再现当时情景，成功说服陪审团。

抛甩状血痕是由沾血体运动而将血液惯性甩离后在现场遗留的痕印，常为挥凶砍刺所留。此痕显示加害者方位与作案手法。正如"麦

---

[1] 刘田、张金：《从 7·29 故意杀人案谈抛尸现场的勘查与分析》，载《湖北警官学院学报》2014 年第 1 期，第 18 页。

[2] [美] 李昌钰：《让证据说话》，吴丹红译，中国政法大学出版社 2012 年版，第 210-225 页。

尔斯案"[①]，李昌钰凭对抛甩血迹的精准分析，在镜像口供（除犯罪主体外基本一致的口供）前鉴别真凶。麦尔斯左鞋、左裤脚、左大腿、左口袋、左肩部的狭长有尾血迹，在李博士眼中汇成左手挥棒猛击的场面，而麦尔斯正是左利手。真相大白。

第三，刺切痕对还原动作形态的作用。

刺切痕面多斜坡状，且末端狭长，痕表常留凶器豁口及卷刃形成的线条。此痕反映受力方向、大小、创口钝锐。经细致研习，法官可确定凶器性质、发力方位，并借此推断作案人身份、搏击体位，还原现场。一如彭林黎云案[②]。谁杀害了纪然冰？李昌钰借力于刺切痕分析，揭晓真相。首先，创面无组织间桥，形态钝锐分明，刺壁光滑，系单刃利具所致，极可能是厨刀伤。此昭示凶手就地取材，并无预谋。其次，伤位集中于上身，数量多达 19 处，起刀快、落刀猛（伤口集中说明死者遇害时少有位移，可能遭突袭）。结合纪然冰正值青壮而析，凶手应为男性熟人。再次，伤种涵括抵抗伤，死者臂及腕、指有割划：疑似自防所致，暗示其生前曾有搏击，短时未被制服。这说明凶手单独作案，尚无帮凶。而彭林黎云虽有犯罪时间，但年过五旬、身体羸弱；又系死者情敌，纪然冰对之必有所防。李博士去伪存真、丝丝入扣，最终锁定彭林黎云之夫彭曾吉。冤屈昭雪。

（二）行为模式的解析与心理学溯源

行为模式是行为发生、进行、完成的某种固有方式。所有罪犯都有惯技，均以自身方式创造满足其独特心理与情感需求的现场。行为

---

① [美] 李昌钰:《让证据说话》，吴丹红译，中国政法大学出版社 2012 年版，第 252–254 页。
② [美] 李昌钰:《血液吐真言》，陈琴译，中国政法大学出版社 2012 年版，第 216–234 页。

证据分析并非基于主观印象的臆测，而是将多种材料细心编织而成的一副备受瞩目的美妙"挂毯"。[①] 唯有细腻剖析行为征表、准确解读行为模式，法官才能在"一对一"口供难辨时，准确锁定主犯。

1. 新行为主义主导的行为研判

不同于以经典条件反射理论为代表的旧行为主义，新行为主义摒弃唯外界论的机器人假设，反对将人视为被动应对环境、机械反应刺激的个体，拒绝把心理关注从行为研究中剔除，主张意识、动机，甚至人格是行动决定因子，提倡研究刺激与反应间的"黑箱作业"。在新行为主义视界中，个体都是独特的问题解决者，以自身方式感知、理解、回应社会；犯罪被视为特定情境下唯一有效应对方式。暴力行为不再仅源自丧失理智与无法控制，而成为个体行为模式内实现个人目标的必要手段。在新行为主义指导下，深入行为内在的探讨和本质研判因突破泛化解读、突出行为个性特征，而有更广泛的实际意义。通过分析罪犯所做事情、带走与留下的东西，其夸张的行为征表及人格特质得以彰显。

2. 行为证据跟进的心理画像

对罪犯进行个性特征推断的过程通常被称作犯罪心理画像……行为证据分析过程就是犯罪心理画像过程。[②] 与其他推理相仿，犯罪心理画像亦有两种基本路径，其一是经比较研究和统计分析后归纳类型犯罪人整体特征的归纳型画像，其二是由物证鉴定与现场调查后推导出特别犯罪人个体特征的演绎型画像。两相比对，前者倚重统计数

[①] [美]布伦特·E.特维:《犯罪心理画像——行为证据分析入门》，李玫瑾等译，中国人民公安大学出版社2005年版，第2页。

[②] [美]布伦特·E.特维:《犯罪心理画像——行为证据分析入门》，李玫瑾等译，中国人民公安大学出版社2005年版，第1页、第55页。

据，是由已知推未知的预先揣度，缺乏个案论证，往往以偏概全，而后者始于证据分析，系由现场痕迹到行为模式的实证解读，具备事实支撑，故更可信。如下将以案为证，详述演绎型犯罪心理画像。

第一，现场勘查与作案手段相联系，层层剖解罪犯内心。

行为证据分析的重要思想之一就是理解一个人的行为与动机、需要间的本质联系。[①]法官首先需审核勘查笔录、收集现场特征。通过发现作案人在选择现场与被害者时所做决定及此对罪犯的意义，定位案件特征；通过接近方式、攻击手法、地点类型、行为后果等，分辨作案手段。那些与众不同、有特色的作案手段，如同罪犯签名一样独一无二，常被称为犯罪标记。经由标记可判断犯罪主题。作案人实施这种标记行为往往为满足心理需要。从而推断犯罪幻想和动机。案中，死者气管严重充血，伴生大量泡沫，溺死征象明显，又舌骨骨折，勒颈手段彰显，加之会阴损伤突出，奸淫动作粗暴。依常理，死者于看清凶手前已昏厥。可为何凶手致死意向坚决，对之施以超常侵害？另经勘查，距现场不远便是卫校，凶手却挑选其貌不扬的体育生，原因何在？两相结合，可断此非常规性侵，凶手报复欲强烈。动机分析能间接提供罪犯身份[②]。死者系学生，并无结怨，故可能其父母得罪了谁。

第二，尸身体态与现场痕迹相结合，大体勾勒罪犯轮廓。

被害人研究是行为证据分析的关键。特定现场和被害人特征能反

---

① ［美］布伦特·E.特维:《犯罪心理画像——行为证据分析入门》，李玫瑾等译，中国人民公安大学出版社2005年版，第398页。

② ［美］布伦特·E.特维:《犯罪心理画像——行为证据分析入门》，李玫瑾等译，中国人民公安大学出版社2005年版，第311页。

映罪犯个性。[1] 被害者身材佐证着作案人数目、身高与胖瘦，是鉴别口供的无声证词；被害人危险系数圈定了主犯范围，是形成间接证据闭合锁链的重要环节。案中被害人体格健壮，但现场却仅有凶手鞋印，从遇袭处至第一现场均未留死者足迹。从脚印深度分析，蹬痕明显，步长短，前掌重压前移：作案人系负重前行，可能背负死者。由此判断罪犯身高。（凶手令死者双脚离地，这说明他相比 160cm 的死者要高不少，至少也有 175cm。[2]）

第三，尸体伤损与作案工具相印证，细腻刻画罪犯外观。

分析伤害形态对案件调查与犯罪再现有至关重要的作用。经认真分析解剖照片，仔细比对衣物破损与损伤位置，审判人员可判断案发时尸体姿势，并掌握损伤细节，以累积事实，弥补不可实地勘查之憾。案中尸体背部肌肉内出血，经鉴定为膝盖挤压所致，同时，死者颈部缠有特制布条。从作案工具入手，凶手放弃普通绳子而采硬质套环，显示其信心不足，亦表明其有针线功底，故凶手可能身材瘦弱或年龄较长，同时伴女性化倾向；以损伤部位分析，勒住死者颈部，并背于身后，显示凶手怯于正面作战，这反证其身材单薄、做事谨慎。（赵建国是个瘦高老头……最大爱好是十字绣。[3]）

第四，案发环境与细节证据相呼应，细部特写[4]罪犯局部。

现场要素影响犯罪行为、反映被害形态，正如尸体上地毯痕印显示现场在室内或车内，而植物痕迹则意味案发于室外。根据犯罪人遗

---

[1] ［美］布伦特·E. 特维：《犯罪心理画像——行为证据分析入门》，李玫瑾等译，中国人民公安大学出版社 2005 年版，第 187 页。

[2] 秦明：《法医档案之白套环的秘密》，载《蓝盾》2013 年第 9 期，第 14 页。

[3] 秦明：《法医档案之白套环的秘密》，载《蓝盾》2013 年第 9 期，第 14 页。

[4] 又称"大特写"，是电影艺术独特表现手段，常把拍摄对象某个细部拍得占满整个画面镜头。取景范围比特写更小，故表现对象被放得更大，具有极其鲜明、强烈的视觉效果。

留现场的证据可探讨其伪造或谋划现场时通常最易出错的地方。[①] 如例，玉米地另有倒伏，其早前断裂说明凶手绝非偶遇，而是掌握被害人行踪后守株待兔：仇杀可能更大。并，案发正逢细雨连绵，农地蚊虫甚多，蹲守于此必定留痕。故能断定凶手身上有叮咬虫包，从而进一步锁定罪犯。（当时赵建国挠着胳膊和腿上的疙瘩[②]。）

三、事实认定之途：情境脚本链接中的逻辑演绎

人不能两次踏进同一河流，过往无法回溯；但，思维着的精神是地球上最美丽的花朵，事实可以感知。脚本，作为认知心理学中类型化情景[③]，能填充缺失信息，补足删减细节，故可成为还原案发现场的逻辑起点与解读罪犯心理之演绎平台。如下将以此为据，破解残证迷局。

（一）情境图式的常理性拓展

图式即类事件的重现，是信息的一种心理组织方式。法官如何在庭审中心主义的背景下，甄别口供真伪，链接分散证据？"图式告诉你从事件何处寻找信息"[④]，情境图式，是相似情境下同种现象的常规反应模式，因能从自类特征中提取常识信息填补事实空缺，而成为封

---

① ［美］布伦特·E.特维：《犯罪心理画像——行为证据分析入门》，李玖瑾等译，中国人民公安大学出版社 2005 年版，第 252 页。

② 秦明：《法医档案之白套环的秘密》，载《蓝盾》2013 年第 9 期，第 14 页。

③ ［美］查尔斯·S.卡弗：《人格心理学（第 5 版）》，梁宁建等译，上海人民出版社 2011 年版，第 428-429 页。

④ ［美］查尔斯·S.卡弗：《人格心理学（第 5 版）》，梁宁建等译，上海人民出版社 2011 年版，第 428 页。

闭现场解码器。按图索骥，以"属"的常态境界为视域，寓（案）情于境，推理追踪个案"种"事实；落叶知秋，由"类"的专业知识为背景，见微知著，深入剖析现场微证据：将拓宽事实认定思路，优先把握司法规律。

1. 寓（案）情于境，以常识补足信息缺省

回到现场。前述案 2。

C 身负两枪，接连中弹，弹杯却一枚在现场，另一枚在体内。个中原因值得深思。现场情境白描如下：

案发时雅阁与 C 座驾并排，间距约 2m，E、F 相隔 1.8m 内，C、F 距离 2.65m。

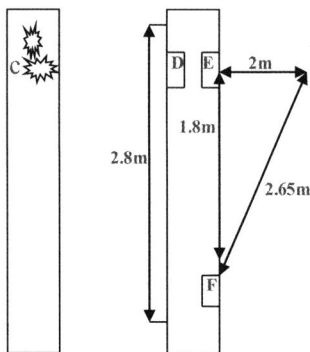

现场还原示意图一

据击发图式：射击距离 1~3m 时，弹杯进入创道……3m 外射击，弹杯不能进入创道，创周皮肤呈其底座形成的类圆或半月形挫伤。[1] 尸检显示 C 右腿创缘有类圆挫伤，应系弹杯底座所致，即弹杯中途已变形，丧失推进力，这与现场提取其碎片情形可相印证：弹杯未入人体。可依常理，3m 内射击，现场不应留弹杯残迹。加之连续两

---

[1] 刘国安等：《霰弹弹杯所致损伤及其应用价值》，载《中国法医学杂志》1994 年第 3 期第 161 页。

弹，却效果迥异。这说明：（1）两次非同枪所发；（2）初发之枪管被截：因霰弹枪口有喉缩，起紧缩弹杯、聚集弹丸之用，而"枪筒截短后，弹杯变形早，弹丸提前向四周扩散"[①]。此经验常识黏结证据碎片，填充事实空缺，恰能解现场之困：首发之枪已无喉缩。虽凶器浸河中数日，指纹尽消，但经辨认能锁定二次射击枪支。寓案于理、由理识生知，图式推理所得"弦外之音"，隐于证据之表，显于类型之中。由此确定罪责最重者。

2. 见微知著，以专业挖掘证据潜能

任何加害方式都表现了凶手的性格特征。[②] 剖析现场痕迹能再现作案细节，从而勾勒罪犯轮廓，消弭合理怀疑。

前述案 1。

本案血斑在椅座背面，位置隐蔽，显非滴落所致，同时，其形狭长，排除喷溅而成，更具抛甩状血迹特征。故血源体位低于椅座，血是自下而上抛甩上去。B 当时应呈躺姿，且遭劈砍，但却未伴生喷溅血迹。这符合人死后血液静止、流速归零，伤口仅少许出血的特征。故 B 应已遇害。上述推断与 A 之前口供相互印证，法官据此可形成内心确信。血滴虽小，却蕴含大千。以痕迹检验图式为背景，法官可沿血追踪，由血探迹，根据血迹形态，挖掘证据潜能、延展证据锁链，进而推测、勾勒罪行轨迹。

[①] 韩冰：《根据创口特征推断发射枪状况》，载《全国第六次法医学论文摘要》，第 51 页。

[②] ［美］布伦特·E.特维：《犯罪心理画像——行为证据分析入门》，李玫瑾等译，中国人民公安大学出版社 2005 年版，第 123 页。

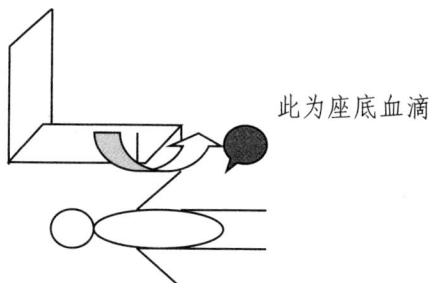

此为座底血滴

现场还原示意图二

（二）自我脚本的经验式填充

法律须以感知、对人类行为的解释、社会经验、共识以及价值判断为基础，来对案件事实作必要判断，以最终确定小前提。[①] 自我脚本即是源自个体生活阅历，并渗透个体自我评价的经验网络，是特定种类的图式。其立足于认定者自身，以己推人，从而完成对残缺证据链的填补式修复。但自我脚本作为知识的体验式累积，囿于渠道单一，面对繁杂个案，难免有时失之偏颇。唯有剔除偏见、摒弃臆断，对参考脚本进行去伪存真、去粗取精，法官才能发现事实、准确认定。

1. 剔除偏见，去程式化，批判继承经验

落叶知秋，人总在以所见忖度未知，司法认定亦如此。封闭现场痕迹凌乱，物证残损，缺乏指认犯罪的直接证据，怎样拼接细碎以形成还原事实的闭合锁链？基于经验的自我认知脚本因真切再现逝去细节而成为连接游离信息的桥梁。李昌钰博士在"伊丽莎白·斯马特

---

① [德]卡尔拉伦茨:《法学方法论》，陈爱娥译，台北五南图书出版有限公司1999年版，第186—197页。

案"①中正是凭借丰富的个人阅历，于斑驳踪迹中精准推断出凶手体貌。现场窗纱被割划成 U 型，一把铁椅斜靠窗下。该椅两脚着地，尚能承重，综合窗棂标高，李博士初断案犯系缘椅而上；之后经测 U 口谷距、峰高，而断该犯身高约 6 英尺（1 英尺 ≈ 0.3 米），且双臂颀长；紧接着，由窗宽不足 11 英寸（1 英寸 ≈ 2.54 厘米），再断此人形体清瘦；最后，据现场路面多岩崎岖、案发晚上、灯光昏暗的情状，李博士推测为熟人作案，并最终锁定案犯为伊丽莎白前仆人理查德。

但经验偏重有限体验，属不完全归纳推理，尚不能全面揭示本质，故应审慎适用。"河南张绍友案"，一二审法官正是陷入常理怪圈，因门锁完好、狼狗未叫，而形成熟人作案的内心确信，锁定案犯为死者的单身叔叔，最终铸成冤错。死刑案件人命关天，司法官尤忌盲从，须以无罪推定为指引，走出偏见模式，冲破思维禁锢，发散思考、多元探讨，真正从实际出发，让物证说话，使冤错止于理智与审慎。

2. 摒弃臆断，去绝对化，审慎诠释真实

证据裁判主义不仅要求法官须依证据为事实之认定，且对无证据能力、未经合法调查、显与事实有违或与认定不符之证据，不得作为自由心证之证据。②真实昭示真理，更诠释正义。死刑裁量乃生死权衡，尽抒生命敬畏、寄托公正诉求、彰显职业操守：落笔千钧，尤须审慎。

臆断系欠缺证据支撑的主观揣度，是毫无客观依托之有罪推定。欲加之罪何患无辞？臆断定案必将铸成冤错。"河北李某案"一审法

---

① [美] 李昌钰：《让证据说话》，吴丹红译，中国政法大学出版社 2012 年版，第 110-117 页。
② 蔡墩铭：《刑事诉讼法论》，台北五南图书出版有限公司 1997 年版，第 428 页。

官疏于证据审查，忽视口供、勘查笔录间诸细节相左，而纠缠于李某与被害人之间的恩怨，将"内心确信"建立于直觉推断之上。若非真凶再现，此案冤屈难平。

但褪去想象浮华的裸事实亦非法律追求之真。世纪审判"辛普森案"因警方违法取证致有力证据未得法庭采信，而以被告无罪告终。面对客观真实与法律真实的抉择，唯有将未经程序萃取之"客观"逐于内心确信之外，方能封堵冤错入口、切实实现人权保障。祛除带有缺陷的绝对真实是程序正义、制度公正应有之义。

（三）归纳演绎的交替式推进

归纳、演绎是司法认知中常见的思维模式，二者相互渗透、互有补充。归纳将具体升华为抽象、个别整合成普遍，概括推理前提；演绎将理论还原为现实、整体浓缩成局域，提炼推理结论：二者遵循共同原则、交替推进事实认定。法官诠释案情应因势利导，尊重思维规律、严谨适用推理。

1. 秉承同一律，恪守概念同一

同一律即概念务必维持本体内容的同一。命案法官是刀尖上的舞者，须遵守逻辑法则，审慎作出判断。实践中，因侦查疏漏，往往出现 DNA 检材来源不明、送检样本与提取物证登记表或照片不符、样本遭受污染等情况，从而割裂推理锁链、混淆待证对象，削弱鉴定证明力、严重影响法官心证形成。面对此类情况，法官须在逻辑规律指导下，坚持同一律，及时与公安沟通，补查补正相关瑕疵，确认现场物证与案件关联性，排除内心怀疑。对于无法核实的，应依疑罪从无原则及时判处无罪。

2.依循矛盾律，检视证据矛盾

矛盾律即互相矛盾的思想不能同真。诉讼证明是以事实认定、心证形成为目的。[①] 故，法官于内心确信前，须遵守矛盾律，严格审核证据、严谨印证细节，进而合理解释矛盾。前车之鉴，后事之师。"河南赵某案"，井内有百斤石磙，举一人之力无法搬动，赵所供其用此压住尸体的情节显与常情不符。但法院忽视对此矛盾的解释与排除，最终酿成冤错。检视证据矛盾，并以此为契机突破事实认定瓶颈，是坚持实事求是思想、践行以事实为依据理念的应有之义。

3.遵守排中律，排除合理怀疑

排中律即互相矛盾的思想必有一真。死刑案件事实认定系负重前行，不容懈怠。有罪无罪是一对矛盾，泾渭分明。法官在定罪问题上绝不可因证据不足而留有余地、作含混判决。"浙江张某叔侄案"，虽最终改判、未处极刑，但毕竟耗尽无辜者十年青春……唯摒弃对"两个基本"的错误解读，切实排除合理怀疑，方可实现司法朗朗清明。

4.坚持充足理由律，形成充足锁链

充足理由律即确定论断为真须有充足理由。法院判处有罪的标准是确信无疑。[②] 后辈检视前人，历史审视现今，法官唯有将命案办成"铁案"，方真正践行"审理者裁判，裁判者负责"的誓言。回顾"河南李某案"，其中有其有作案时间、来过案发地点的有罪证据，亦有其时供时翻、现场有他人血迹的无罪证据，即认定李某杀人的证据链尚未闭合。平顶山中院最终判决李怀亮无罪。秉持充足理由律原则，坚守孤证不定案底线，法官应以理性人所持合理怀疑审视案件，

---

① [日]春日伟知郎：《自由心证主义的现代意义》，转引自房保国《刑事证据规则实证研究》，中国人民大学出版社 2010 年版，第 228 页。

② 房保国：《刑事诉讼规则实证研究》，中国人民大学出版社 2010 年版，第 239 页。

坚持证实、证伪相结合，确保每起命案都建立于证据确凿、事实清楚之上。

历经侦查起诉，死刑案件如何于审判环节中实现最后一公里的公正；面对证据迷局，事实认定怎样在真理谬误间完成最后一步跨越？让事实当家，让物证说话，漫漫之途承载生命之重，值得上下求索……

对受贿罪职权要素的法经济学解读
——以构建甄别斡旋受贿的"汉德公式"为归依

斡旋受贿作为受贿罪之特定分支，因独特的构成要件，而有别于一般受贿。如何甄别斡旋受贿是实务常遇到的问题。其难屡起于对职权要素的区分。即，其一，何为"职务制约关系"，并属"利用职务上的便利"，何为"职务互惠关系"，并属"利用职权或地位形成的便利条件"：此将后续影响为请托人谋取利益的性质鉴别，而首应澄清；其二，职权、感情、恩惠、亲情均沾时，什么是推动用权人（其他国家工作人员）作为的最终心理驱力：其将进而牵涉对罪与非罪、此罪彼罪的评判，而先须辨明。过往研究大多止步于规范分析，偏重概括，尚难形成有力回应。简化职权要素甄别操作、统一刑事司法尺度，并最终实现主观因素客观化、客观判断精准化：或是理论深化之方向与反腐实践的期许。

一、受贿类罪之实务认定困局：具象化情境
对程式化标准的批判

伴随反腐阵线后溯离职受贿、外扩海外追逃等向纵深推进，职务犯罪之非典型受贿渐趋增多。不同于权钱互易、一蹴而就的简明罪状，其权力渗透曲回延展：受贿人间接渎职，行为隐蔽；第三人承诺用权，心理微妙。假人之手，究竟是以权压之、以利诱之抑或以情动之？不同价值评判引领不同角色的定位与罪责认知。"利用职务上的便利"与"利用职权或地位形成的便利条件"，作为厘定此林总表象的首道藩篱，其制度触角的边界却因对"职务制约关系"的理解差异模糊难辨。而现理论惯于对职权间常态联系的一般认定，囿于抽象思辨，偏重笼统比对；面对千佛千面的个案情状，凸显张力不足。

（一）几近机械的判断与和而不同的案情

案 1：李某，某省办公厅秘书，曾帮某国企涉罪领导张某撤案，后李向张请托"借款"，致使 172 万美元国有资金流失。[1]

李某行为如何定性，其与张的职务联系怎样定位？相较于双方互不相欠、关系清白的一般类案，本案因用权人污点而"授人以柄"，打破了职权固有平衡，势必引发公权作用格局重塑与用权人心理微调，无法触类旁通。然现理论[2]对不同单位间公职人员角色的认定，

---

[1] 参见：(2003) 刑复字第×××号李某受贿、贪污死刑复核裁定书。

[2] 参见：赵秉志主编：《新刑法全书》，中国人民公安大学出版社1997年第1版，第1265页；苏惠渔：《刑法学》，中国政法大学出版社1997年版，第876页；游伟、谢锡美：《斡旋受贿司法认定的理论展开》，载《法学》2002年第1期。

坚持法律解释内一视同仁与价值层面上的模糊评价，均以"横向制约关系"笼统归类、以"自愿的权权交易"统一标签；虽具普适性，却难免挂一漏万。

同中存异，疑难杂案何去何从，实务困惑应然而起。

（二）失之片面的推断与千头万绪的社情

案 2：胡某时任某省副省长，为彭某某提职而向该省国税局长请托，收彭 2 万元。[①]

胡某行为怎么评价：直接受贿，适用第三百八十五条，或斡旋受贿，适用第三百八十八条？似无争议。的确，国税系直属管理，人事财政均与地方脱钩，但"胡"们所为是否就如论均属典型斡旋，尚需综合全案判断。

毕竟，官场生态错综复杂、职权触角犬牙交错，贸然望表知里，似有管窥蠡测之嫌。一般认为，两部门间内涵不制约、外延无交集，即以"斡旋"定性。但人非草木，国税局长亦有亲朋好友，也食人间烟火。若其至亲升迁、岗职调配恰在省管之列，对胡所托办与不办，利益纠葛必将大大压缩"意志自由"。该局长仅为"胡"们职权延伸一环，"胡"们行为系直接受贿。

妥与不妥，欠缺学理有力支撑，司法疑惑油然而生。

（三）过于抽象的裁判与盘根错节的人情

案 3：林某是某院行政庭法官，因两公司施工合同纠纷，收前者

---

① 参见:（2000）赣刑二终字第 × 号胡某受贿、行贿、巨额财产来源不明案刑事裁定书。

钱财，多次联系民庭承办人朱某，请求要回工程款。①

　　林某行为构成何罪？通常而论，林、朱二人没有行政隶属，亦无职权制约，朱某所为是"看面子"的"权权互惠"，林某所凭系"职权或地位形成的便利条件"，对林某应以第三百八十八条入罪。本无分歧。但现标准因忽略对二者关系的具体审视而难服众。

　　若朱恰有事请托于林，则对二人职权联系应再作评判：朱某受谁之托（关系远近）、请托性质（违法与否）及实施难易（是否须由林亲办）等，将最终影响林某职权力大小。特定情形下，此跨部门、间接权力性影响力将由隐至显，质变为职权制约力。

　　此条、彼条，尚无原理具体甄别，适用难题悄然而至。

（四）执主观的臆断与不容置疑的实情

　　案4：陈某是A市中级人民法院副院长，分管民事审判，其向B县检察院检察长刘某请求对某案从轻处理。②

　　陈、刘是否属于职务制约关系？实务纷争鹊起。③其中一论颇具代表，其认为，陈对下级法院有一定制约，而公诉之案均须法院审判，故陈对刘有职权制约，陈某行为应认定直接受贿。该论乍看有理，但细究之，牵强处昭然：陈对刘的影响既不确定，又过间接，且无实例支撑，难以用"利益攸关"之"制约"概括。该论貌似由普遍联系观念误导，实则系标准泛泛不清所致。

① 参见：(2013) 烟刑二终字第 × 号林治保受贿刑事二审裁定书。

② 李慧海《陈某斡旋受贿案——兼议直接受贿与斡旋受贿的区分》，载《中国监察》2011年第6期，第57页。

③ 李慧海《陈某斡旋受贿案——兼议直接受贿与斡旋受贿的区分》，载《中国监察》2011年第6期，第57页。

是还是非，缺乏法理细腻勾勒，认定困扰纷至沓来。

（五）失审慎的妄断与扑朔迷离的内情

案5：唐某，某县公安局党组成员，向有私交的该县县委常委杨某请托办事。[①]

杨允诺是基于唐的影响力，还是出于情谊，二人各执一词。谁言属实，真相自在人心。可如何将用权人内心驱力客观化，使之大白于庭审？无可否认，听其所述，并佐以常理，是强化内心确信的进路。但证言多变，真理有界，小概率事件尚存。事实认定的经验法则用之得当尚可，用之不当将成妄断。毕竟，"杨"们性情（重义气程度）相异、职位（办事难度）有别、关系（交情深度）深浅不一。案案事事人不同，内情错综复杂，单维度的抽象推断无异于刻舟求剑。

真假难辨，失却事理精准剖析，采信阻障不期而至。

（六）于表象的难断与"险象"环生的隐情

案6：某省长薄某受唐某请托，交副职夏某帮办配额申请，夏批转副厅长吴某负责，吴安排某国企虚假申请。[②]

若薄指示办理，下属向其他国家工作人员横向请托，后者又要求国企协助，重重运作下对薄某的行为如何认知：一般受贿还是斡旋受贿？N次斡旋增加权权交易环节，拉长权力渗透战线，加之意志自由与束缚交织，职权引诱和驱使融汇，表象环生。什么才是喧嚣背后的"隐情"？传统理论囿于受贿人职权模式分析，却疏忽对"其他国家

---

① 参见：（2013）皖刑终字×××号杨华杰行贿、受贿案刑事判决书。
② 参见：（2013）鲁刑二终字第×××号薄某贪污、受贿、滥用职权案判决书。

机关工作人员"（用权人）行为样态的深入探讨。

何去何从，没有原理细致疏导，判断迷惑接踵而来。

二、作用之经济理性反思：效益化理念对多元化进路的勾勒

职权要素"惑"雾重重，实务求"理"路在何方？案件背景各异，主体抉择多元。对"职务上的便利"还是"职权或地位形成的便利条件"——受贿人影响力的性质甄别、对权术还是情素——用权人允诺的动机辨析，更应引入新范式：由用权人视角切入，变"抽象人"的规范评价为"经济人"的理性反思；从效益最大化人性出发，换"一般人"的应然审查为"特定人"的实然评判。人会依据追求自利的原则对"诱因"作出反应[1]，职权作用的理论检讨尤应始自于此。

（一）科斯定理下的用权人意志力素描

作为法经济学经典定理之一，规范的科斯定理又称科斯第二定理，是指在交易成本大于零的现实世界中……当交易费用不为零时，不同的权利配置带来不同的资源配置。[2]犯罪是种成本高昂的交易，刑罚系购买"欲望"之对价；而罪犯行为决策必是衡平所得与风险后的理性抉择。当刑罚尚存，不同情状的报酬预期、后果预计必然生成不同属性的意志自由，进而深度反应不同层次的职权作用。这是科斯定理对用权人心理的素描。

---

① 李霞：《波斯纳：法律的经济分析》，黑龙江大学出版社 2009 年版，第 44 页。
② 冯玉军主编：《法经济学》，中国人民大学出版社 2013 年版，第 98 页。

1. 第二定理与经济人趋利化抉择

天下熙熙皆为利来，天下攘攘皆为利往。科斯第二定理中权利配置与资源配置之双料"不同"，实为市场主体趋利避害一贯心态的真实写照。这契合着"效益"统领下，以成本——收益作衡量标准的法经济学研究理念。由"自利"理性辐射开，从利益层面透视去，若"看不见的手"般的隐性作用力昭然若揭。

任何法律，只要涉及资源使用……无不打上经济合理性的烙印。[①]刑法如是。受贿罪中，"国家工作人员"与"其他国家工作人员"均是趋利经济人：前者为财，收人钱物、应人请托；后者为利，权力攀附、权权互换：表现有别，但均从利益最大处着眼。细分之下，后者谋利不同。一般受贿，第三人与受贿人尚有纵向隶属关系或横向管理制约，其利紧迫、现实，得失由人掌控：只得就范，别无他途；斡旋受贿，第三人与受贿人仅存协作配合或关照互惠，其利隐而待发，得失无伤大雅：顺势而为、进退相宜。案案不同，但搅动权力格局、推动权力运转的终究还是私利。其大小、缓急、轻重，经社情风尚过滤、由官场生态扭曲，最终凝聚为一股力量，影响着用权人的心理态度、挤压着用权人的自由空间。力随利而动，职权作用究其本，还是利益角逐与制衡。

2. 权力交易与理性人避害性考量

一般受贿抑或斡旋受贿，单就表象而言，职权作用常因手段行为而彰显。相较一般受贿中的权力强行摊派、进路清晰又刚直不折，斡旋受贿之权缓慢渗透，脉络迂回且张力十足，更是一次职权博弈。斡

---

① [美]理查德·波斯纳:《法律的经济分析》(上册)，蒋兆康译，中国大百科全书出版社1997年版，译者序。

旋受贿存在着两种交易，即权钱交易与权权交易，后者表现为以权换权，被交易者可能并非受制于人。[①]权权交易，一如买卖中讨价还价，双方相互需求却各自为政，利合则聚，利尽则散，有着完全的独立人格与充分的意志自由。是故，斡旋受贿中用权人更具理性人精于算计的避害品格。

法律主体面对的隐含法律成本和收益便很不一样……人们最终选择……取决于这种法定利益与其自身利益诉求之间差距的大小。[②]面对受贿人请托，用权人面临着做与不做的艰难抉择：允诺，必冒天下之大不韪，承担刑责，但侥幸逃脱，可获日后支持、关照；拒绝，须担孤家寡人之果，罹遭背弃，但坚持到底，必能清白平安。何去何从，须经成本收益的精细核算与得失利弊的反复权衡。因之，权权交易背后用权人的审时度势，绝非抽象利义纠结，必是具象的利益考量。避害性判断及进而的意志自由评价，应立足具体背景，全面综合情况，实现判断个别化。

3. 意志自由与用权人角色型定位

具体至个案，面对请托人、受贿人、用权人互有物质勾连、彼此心照不宣的层叠衍生利益链，如何拨云见日、探究权力的背后推手？考问用权人地位，进而深入剖析其意志自由，不失为一条研究进路。涉及三方当事人时，对受贿行为应认定为普通受贿还是斡旋受贿，一个重要分辨方法就是辨别受贿人与第三人之间的关系。[③]受贿，作为成本高昂的政治赌博，为与不为间，种种纠葛绝非"情"字可了，举

[①] 蔡富强：《论斡旋受贿犯罪》，湘潭大学 2006 年法律硕士学位论文，第 14 页。

[②] 冯玉军主编：《法经济学》，中国人民大学出版社 2013 年版，第 113 页。

[③] 陈清：《论对斡旋受贿犯罪的认定——以李某案为例》，西南政法大学 2012 年硕士学位论文，第 6 页。

手投足必有利益涉足：或是"直接的制约钳制[①]"，用权人唯恐现利被剥，而抉择权尽失，无奈沦为工具；或系"用得着的现实可能[②]"，用权人虑及利好互换，而进退中权衡，自甘担当触角。一般受贿还是斡旋受贿，用权人于权力角色中游走，看似无序，却终带私利桎梏；貌似随意，却贯受他人羁绊。用权人意志自由，上承权权博弈，表征二者气场、威力，故能彰其本；下启地位确立，影响角色定性、定位，故可显其形：是辨析受贿的试金石。

意志自由的准确判定甚为关键。但官场生态复杂。因为长期的工作事务和职权上的隶属关系……不可避免地会在包含在内的人们之间形成一些相互利益牵涉和联系。[③]实务中，多种利益冲突、交融，当前的、长远的，旧有的、新生的，直接的、间接的，自己的、亲友的，显性的、隐性的，全杂糅于一案，聚焦于二人。因而，用权人意志与人格的判断，必然是"特定人"视角对"一般人"标准的扬弃，终究系多元利益与多种风险的角逐。科斯第二定理"不同权利配置带来不同资源配置"的经典阐述，正是受贿个案不同博弈结局中用权人不同心态的鲜明写照。具体利益中意志自由的多元化考证跃然纸上。

（二）波斯纳定理下的斡旋人影响力写真

用权人面对的不仅是冠以"职权作用"的各种势力，还有称之"人情世故"的多元情愫：彼此镶嵌，又相互渗透，浑然一体，却必须剥离。谁才是动摇用权人心智的致命稻草，司法判断于罪与无罪中摇曳。波斯纳定理，因只以市场机制为客观基础来判定一切的价值高

① 赵秉志主编：《中国刑法典案例研究》（第5卷），北京大学出版社2008年版，第157页。
② 吴炎冰：《斡旋受贿客观方面主要问题研究》，中国政法大学2010年硕士学位论文，第8页。
③ 刘莜励：《廖某斡旋受贿罪案分析》，兰州大学2014年硕士学位论文，第9页。

低[①]，而成为走出泥淖的航标。其意指存在高昂交易成本时，应将权利赋予最珍惜它们并创造最大收益的人；而把责任归咎于只需付出最小成本就避免的人。[②] 在效益比对中评定公正，"成本—收益"理念呼之欲出。当前，刑法周延，制度天网中受贿代价颇高，应将刑责定位于付出较少努力就能制动的"影响更大"驱力，将司法集中于玷污职权廉洁性的危害的最大行为，此正是刑法谦抑与效益最大化应有之义。

1. 波斯纳定理的比较优势内涵：以汉德公式为例

作为波斯纳定理经典例证，汉德公式以在预防成本与预期成本衡平中定义"过失"[③] 而闻名，彰显了定理的比较优势内涵。在美利坚合众国诉卡诺尔拖船公司案中，美联邦上诉法院第二巡回庭大法官勒·汉德开创性地运用 B 小于 PL[④] 公式，成功模拟具体情境中理性人的精算品性，将传统"一般人"标准量化成两组数字的比较，与波斯纳"将责任归咎于最小成本避免者"的主张异曲同工。汉德公式一经提出便广受关注，成为法经济学研究典范。这不仅源自其定性精准、过程直观，破除了价值评判暗箱操作，实现看得见的正义；更因其"优中选优"，比较思维秉承效益最大化理念，亦符合街井行事常规，完成了高雅与世俗的贯通。

汉德"最优解"正是理性人面临抉择时的惯性思考与自保心态。法律不强人所难[⑤]，立法人性、司法理性。实务中的"波斯纳思维"虽

---

① 冯玉军主编：《法经济学》，中国人民大学出版社 2013 年版，第 119 页。

② ［美］理查德·波斯纳：《法律的经济分析》，蒋兆康译，中国大百科全书出版社 1997 年版，第 20 页。

③ 唯潜在致害者的预防成本小于预期成本，他才有过失。参见魏建等著：《法经济学基础与比较》，人民出版社 2004 年版，第 212 页。

④ B：预防事故成本；L：一旦发生事故造成的损失；P：事故发生概率。

⑤ 张明楷：《刑法格言的展开》，北京法律出版社 2003 年版，第 218 页。

系效益比对的经济分析，却尊重本能、体恤困窘，顺应"两害相较取其轻，两利相权取其重"的客观规律，亦契合着道德伦理评判。因而，波斯纳定理能够成为受贿罪中"其他国家工作人员"用权心态与"作为动机"评价的理论支柱。具体而言，公式从对预期成本和预防成本进行对比的角度，绕开了对当事人主观状态的判断[1]，其将"主观心理客观化"的成本—收益研究思路，正可为法官剖析受贿"职权作用"影响大小所借鉴：在定罪量刑中，将刑责归咎于对用权人有实质影响的职权要素施加人。

2. 驱动因素的多元角力外化：以影响力为度

斡旋人和其他相关行政人员多年交集，相互利益的带动和私人事务的帮助，于公于私，情感上已有千丝万缕的融合。[2]当受贿人以事相托，用权人面对刑罚、虑及风险，于权于情，纠结中必有衡量。影响力可表征内心挣扎，反映动机角逐，是多元驱力的角力外化。不同于"职权作用"的单边属性，影响力代表着受贿人对用权人的心理刺激，暴露了外部力在内心间的施动痕印，体现主体互动，而具明显的二维双边性。且因涵括情权同向竞合及与行为风险的逆向冲突，影响力评价统筹现实考量，再现真实抉择，必然分化成多重因子，系多次加权的综合指标。

情权混杂，孰是用权人用权的根本原因？影响力大者当之。需要会影响相关行为的强度……最强的需要就是行为中表现的那一个。[3]影响力如是。受贿罪中，无论权力性影响抑或非权力性影响，影响力

---

① 魏建：《汉德公式——过失侵权标准的经济学分析》，载《海外法制》，第63页。

② 刘莜励：《廖某斡旋受贿罪案分析》，兰州大学2014年硕士学位论文，第12页。

③ ［美］查尔斯·S.卡弗迈克尔·F.沙伊尔著：《人格心理学》（第5版），梁建宁等译，上海人民出版社2011年版，第86页。

愈大，行为人愈偏离主流价值，行为"离心力"愈强。排除最大影响力即是抑制最强行为动机，即是实现预防成本最小化。影响力大小引领行为人取舍，决定允诺与否，是只"看不见的手"，而波斯纳红线贯穿其始终。

三、受贿之汉德公式构建：客观化指标对主观化抉择的彰显

作为刑法第三百八十八条对职权要素的罪状描述，"利用职权或地位形成的便利条件"系行为入罪第一门槛。甄别罪与非罪、此罪彼罪，必先对职权作用准确认知。立法审慎，依行为方式相异、社会危害不同，以第三百八十五条"职务上的便利"与前款对应，首划二罪边界，表述清晰、用意明确。但实务复杂，个案常发于规范内涵辐射力较弱的概念边缘，似是而非，导致一定程度上司法判断异化。效法汉德公式，借鉴主观心态客观化思路，构建甄别斡旋受贿的量化指标，是打破审判瓶颈的可选进路。

（一）险与报酬：对意志自由的诠释

"利用职务上的便利"所指令的第三人没有意志自由，而利用职权或地位形成的便利条件所斡旋的第三人有较大而不完全的意志自由。[1]意志自由彰显职权作用，是鉴别制约关系的重要心理标识。其虽冠以"自由"，却不是心血来潮，更非空穴来风，而系用权人审时

---

① 蔡富强：《论斡旋受贿犯罪》，湘潭大学 2006 年硕士学位论文，第 16 页。

度势的判断。其中拈斤播两、患得患失之心态恰如投机者买入抛出时的锱铢必较。故校验投资得失与交易成败的风险、报酬比对能成为诠释意志自由的客观指标。

期望报酬率，指各种可能的报酬率按概率加权计算的平均报酬率，它表示在一定风险条件下，期望得到的平均报酬。[1] 斡旋受贿中，期望报酬率即用权人对用权收益的预判。标准离差是反映概率分布中各种可能结果对期望值偏离程度的数值[2]，其度量方案风险、测评决策危机，系用权人对成本的估价。斡旋受贿存在权钱交易与权权交易两种交易。[3] 交易便意味着自愿让渡，体现等值互利，其中必有主体精打细算的交涉和沉谋研虑的权衡。标准离差同期望报酬率一道，均系市场行为运作不可逾越的环节。尊重经济人的理性选择，用权人为与不为，全在成本——收益的审慎比对。当期望报酬率大于标准离差时，将有利可图，斡旋可成交；当期望报酬率小于标准离差时，须铤而走险，斡旋必失败。因之，若用权人顺势而下，系趋利天性使然，与强权无干，受贿人适用第三百八十八条；若用权人逆势上扬，则背离本心，系职权下作为，受贿人适用第三百八十五条。

职权要素比对表

性质 \ 名称	第三人意志力自由	第三人地位	职权作用方式	职权作用性质	质权人手段	职务关系	职权属性
职务上的便利	无	工具	权利服从	直接、显性	指令	纵向	权力本身
职权或地位形成的便利条件	有	独立个体	权权交易	间接、隐性	引诱	横向	权力性影响力

---

① 荆新等主编：《财务管理学》，中国人民大学出版社 2012 年版，第 41 页。
② 荆新等主编：《财务管理学》，中国人民大学出版社 2012 年版，第 42 页。
③ 蔡富强：《论斡旋受贿犯罪》，湘潭大学 2006 年硕士学位论文，第 21 页。

如下借鉴汉德公式 $B<PL$ 形成过错的量化并外化思路，据斡旋受贿罪状特征，由用权人视角切入，以"行为人标准"为主，兼采"一般人准则"，比较报酬（期望报酬率 R）、风险（标准离差），进而确定意志自由有无与职权要素的彼此关系。例 1：

用权人期望报酬率 R

打击力度 （1）	打击力度发生概率 P （2）	"为"		"不为"	
		各打击力度下报酬率 R （3）	乘积 （2）×（3）	各打击力度下报酬率 R （4）	乘积 （4）×（2）
有错必究有罪必罚	0.3	20%	6%	100%	30%
抓大放小不法漏网	0.4	15%	6%	15%	6%
相安无事逍遥法外	0.3	10%	3%	−70%	−21%

"打击力度"指反腐具体形势，是刑事隐案（犯罪黑数）问题在受贿犯罪中的具象化表述与精细化分层，取决于刑法及各项制度的立法衔接、司法执行。"打击力度发生概率"即现实中各打击力度的实现几率。而"各打击力度下报酬率"是用权人对"为""不为"后收益的预期，系"一般人准则"对"具体人标准"的融汇与矫正；应依用权人品性、抱负、职位、收入、风气等结合常理具体判定。

表虚设数量。"为""不为"用权人期望报酬等值[1]，但风险有别（第一张图"不为"离散度大）。标准离差度量实际值偏离期望值的程

---

① $\overline{R} = \sum_{i=1}^{n} (p_i k_i)$ 可得： $\overline{R_{作为}}=0.3\times20\%+0.4\times15\%+0.3\times10\%=15\%$

$\overline{R_{不为}}=0.3\times100\%+0.4\times15\%+0.3\times-70\%=15\%$

度①，可评估风险。据公式得②"不为"风险大。

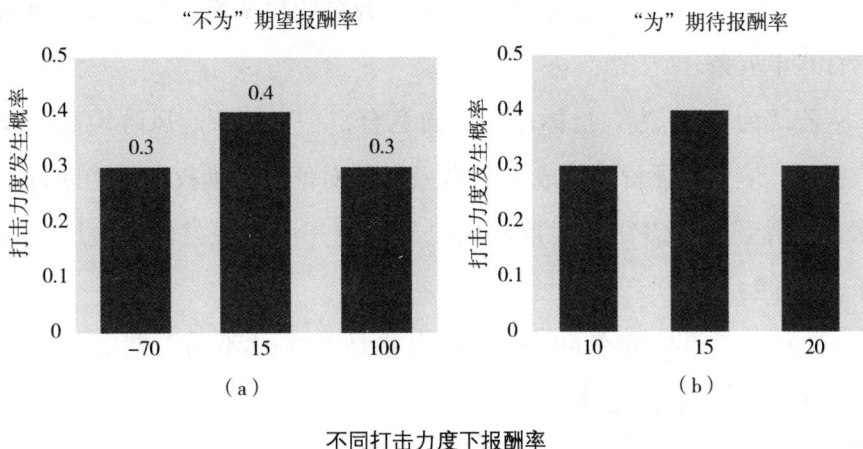

不同打击力度下报酬率

风险、报酬两相比对，"理性人"自会对受贿人请托允诺、实施，此系避害本能，无关权势。受贿人影响应仅限"引诱"，并非"指令"；与用权人亦仅"职权互惠"，无"隶属、制约"：意志自由存，适用第三百八十八条。

结论1：同体比对："为"报酬＞风险，用权人有利可图，是权权交易独立个体，受贿人利用"职权或者地位形成的便利条件"，适用第三百八十八条；"为"报酬＜风险，用权人看似无利，逆势用权更是受贿人政治影响渗透之果，符合"职务上的便利"，适用第三百八十五条。

异体比对（绝对值）："为"报酬＝"不为"时，"为"风险＜

① 荆新等主编：《财务管理学》，中国人民大学出版社 2012 年版，第 43 页。

② $\sigma = \sqrt{\sum_{i=1}^{n} (R_i - \overline{R})^2 P_i}$ 得：

$\sigma_{不为} = \sqrt{(100\%-15\%)^2 \times 0.3 + (15\%-15\%)^2 \times 0.40 + (-70\%-15\%)^2 \times 0.30} = 65.84\%$，

$\sigma_{作为} = \sqrt{(20\%-15\%)^2 \times 0.3 + (15\%-15\%)^2 \times 0.40 + (10\%-15\%)^2 \times 0.30} = 3.87\%$。

"不为"，用权人用权出于权权交易，受贿人适用第三百八十八条；"为"风险＞"不为"，用权人"作为"源自职权威慑，受贿人适用第三百八十五条。

若"为""不为"指标比对同向竞合，一方报酬、风险均高，或恰相反，应如何评价？"成本—收益"绝对值的单维权衡不能助力抉择。离散系数（CV）同时反映风险与报酬……是更好的风险度量指标。[1]例2：

"为"期望报酬率60%，标准离差是15%；"不为"期望报酬率8%，标准离差是3%。

由公式知[2]"不为"值高，则风险更大。

结论2：异体比对（相对值）："为"报酬率、风险均＞或＜"不为"时，值高者风险大。若"为"值高，用权人却执意用权，必逆经济规律、悖理性抉择，其中深意非市场交易所能涵括：意志自由亡，适用第三百八十五条。

（二）动因贡献率：对影响程度的考证

"利用职权或者地位形成的便利条件"必须以职务为基础。[3]职权要素系甄别斡旋受贿的首道关卡，用权人是否基于政治互惠而公权私用，直接关系着罪与非罪的判定。立法纯粹，司法驳杂。熟人社会、礼仪之邦，千年古风教化加之"金钱至上"西方文明冲击，受贿罪认定无不镌刻传统标识、打着时代烙印。情、钱、权三者杂糅交错，合

---

[1] 荆新等主编：《财务管理学》，中国人民大学出版社2012年版，第45页。

[2] $CV = \dfrac{\sigma}{R}$ 得：$CV_{作为} = \dfrac{15\%}{60\%} = 0.25$，$CV_{不为} = \dfrac{3\%}{8\%} = 0.375$。

[3] 蔡富强：《论斡旋受贿犯罪》，湘潭大学2006年硕士学位论文，第16页。

力摧毁用权人的理智堤坝。"为"与"不为",用权人最终听从最强影响的指引。权衡影响力强弱,即是辨明职权要素有无。

带动力系数指国民经济某部门增加单位最终产品时,对各部门所产生的生产需求波及程度[1];是某部门对各部门影响总值与各部门相互影响均值之比。投入产出中,部门带动力系数愈高,拉动作用愈大。产业关联疏密与外因对用权影响强弱同为事物间作用的彰显,个中原理异曲同工。由带动力原理引入动因贡献率(D),能实现对职权作用的程度考证。效法投入产出表,例3以"用权影响表"表征作用力大小。此诸因矩阵正是"经济人"思虑模板,体现个性对常理的补充与常理对个性之修正。例3(表赋虚值):

用权影响表

影响分配＼滋生投入	核心渗透						边缘辐射		总计
	情	升迁	名誉	家人	金钱	办事	工作环境	人际交往	
情	6	3	25	7	2	5	7	15	70
升迁	1	2	15	10	2	20	17	10	67
名誉	10	7	5	13	10	11	22	19	97
家人(工作、入学等)	11	2	10	5	6	10	20	23	87
钱财	6	1	0	2	7	22	14	16	68
办事	3	38	8	8	5	11	21	25	119
合计	37	53	63	35	32	79			
禀性	27	5	3	21	6	15			
交往深浅	5	3	1	5	9	2			
阅历	1	1	0	12	11	3			
抱负	0	5	30	4	10	20			
总计	70	67	97	87	68	119			

[1] 夏明等编著:《投入产出分析理论、方法与数据》,中国人民大学出版社2013年版,第25页。

表横向表明某因对他因作用的关联制约，依程度强弱，分"核心渗透"、"边缘辐射"罗列；表纵向显示各他因对某因滋生的贡献投入，据内涵有别，由情、升迁、名誉、家人、钱财、办事等"常理板块"与禀性、交情、阅历、抱负等"个性板块"组成。第一象限（黑线标）代表外力影响，其主栏、宾栏名称一致。第三象限（虚线标）表示内因影响，仅参与分母运算。

计算得，"情"影响力小于权[①]，则用权人最终为权所役。受贿人凭职权请托，其举由刑法调整。

结论3：体系比对：将"情"、"权"与用权间抽象、模糊的联系，具体量化为该因影响占诸因间影响的比值。即用权人虑及诸因中，动因贡献率=情或权对各外因影响力/外因间影响力均值=外因对"重情"或"畏权"心理生成的影响之和/内外因对该心理生成影响总和/外因相互影响比的均值"情"贡献率>"权"，则用权人办事多出于彼此交情，并非权势相诱、相胁，受贿人请托不受刑法调整；"情"贡献率<"权"，用权人办事常出于对方职权，源自职权要素，受贿人行为应入罪。

司法正义的理想已照进现实，但经济思维的触角能否达至实务的每一角落？汉德公式厥功至伟，却也饱受诟病，价值评判的数量化操作尚需日参省乎己；但矫正司法恣意、实现看得见的公正是恒久追求。与改革同行，理论完善永在路上。

---

①
$$F_{情} = \cfrac{\cfrac{外因对"情"投入合计}{"情"的滋生量}}{\cfrac{1}{外因数目}\left(\cfrac{外因对"X_1"投入合计}{"X_1"的滋生量} + \cdots\cdots \cfrac{外因对"X_n"投入合计}{"X_n"的滋生量}\right)}$$

$$F_{情} = \cfrac{\cfrac{37}{70}}{\cfrac{1}{6}\left(\cfrac{37}{70} + \cfrac{53}{67} + \cfrac{63}{97} + \cfrac{35}{87} + \cfrac{32}{68} + \cfrac{79}{119}\right)} = 0.91 \qquad F_{权} = \cfrac{\cfrac{53}{67}}{\cfrac{1}{6}\left(\cfrac{37}{70} + \cfrac{53}{67} + \cfrac{63}{97} + \cfrac{35}{87} + \cfrac{32}{68} + \cfrac{79}{119}\right)} = 1.35 \quad F_{情} < F_{权}$$

庭审中电子数据认证的图尔敏模式建构

电子数据是大数据时代网络信息化催生的新事物，其以技术性、复合性、可保存性、可复制性，精准描述案发细节、翔实记录案发轨迹，是忠诚的知情者。与此同时，作为二进制代码的符号序列，电子数据又具感官无法辨识的无形性与隐蔽性，是沉默的证人。新修订的《刑诉法》开辟了电子数据进入诉讼的新纪元，也带来庭审认证及与证据规则衔接的新挑战。目前我国尚无电子数据专门立法，理论研究亦集中于技术、法律的简单对接，欠缺采纳、采信过程的思维架构。法官对电子数据证据能力与证明力如何认证存在困惑。怎样让沉默的证人说话？本文借鉴执果索因、纵向溯源的图尔敏模式[①]，建构认证逻辑规程；承继传统又有所超越，以期为虚拟空间"0、1"底层数据流的审核、鉴识提供操作范式，并最终实现庭审实质化的终极目标。

[①] 图尔敏模式是英国哲学家图尔敏（Stephen Edelston Toulmin）提出的非形式逻辑论证模式；由主张、资料、保证、支持、反驳、模态词六要素组成，是不断纵深追问、进而横向排除其他可能的思维路径。参见 Stephen Toulmin, Theuses of Argument, Cambridge University Press, Updatededition2003, p149—150。

在此借图尔敏模式，通过追问电子数据生成、取得、流转、删改等节点信息，审核证据能力和证明力，证实证伪其可靠性与真实性。

一、证据种类之高科技与旧标准：数据时代庭审认证难题

熊猫烧香案[①]。警方提取储有"熊猫烧香"病毒源代码的电脑硬盘，嫌疑人亦供认不讳，案件告破。其中些许问题却值得深思。一是，合法性存疑。源代码系直接拷贝，警方既未使用有只读功能的专业设备，又未断网以确保电脑运行安全，不能排除拷贝诬陷或网络感染。二是，关联性存疑。鉴定意见仅证实病毒社会危害，却未锁定作案主体，证据链没有闭合。三是，真实性存疑。聊天记录取自嫌疑人QQ账户，尚存已被盗号可能，虚拟身份等待确证。

信息时代，电子数据、证据电子化异军突起，证据属性、传统规则已难胜甄辨、规限及导引之任。高科技带来的新气象正引发证据体系的"骚动"，并直接导致庭审认证面临困境。

（一）新颖中的合法性

朱某受贿案[②]。侦查机关在对朱某电脑进行数据恢复时，使用未经核证的软件，辩护人由此提出质疑，要求启动排非程序：庭审面临阻滞危机。

作为新兴技术的产物，电子数据生成、传输诸节点均依赖高精尖技术，显现与展示亦富含科技量。科学、严谨使其对合法性的要求高于既往：取证软件是否规范，手机提取是否屏蔽，电脑操作是否断

---

① 是国内因制作电脑病毒而获刑的第一案。参见《中国计算机用户》2007 年第 6 期，第 57-58 页。

② 李晓佩：《论非法电子证据的排除规则》，载《中国检察官》2014 年第 10 期，第 55 页。

网，文档复制是否格式统一，有无写保护，有无生成哈希值，有无非法侵入目标电脑……远非"依照法定程序"可笼而统之。新颖中的合法性蕴含丰富，却失范于规则。认证进路尚需整合与规范。

（二）海量中的关联性

张某某开设赌场案[①]。侦查机关扣押 13 台电脑，获取大宗数据，是否均与案件相关，需一一核对：庭审陷入效率困境。

电子数据信息海量。电脉冲或磁性材料存储的数据量是纸张的数十万甚至数十亿倍。[②]但并非均与案件相关。证据审核不仅系是非有无的事实认证，更是打击犯罪、保障隐私的价值抉择。相较于合法性认定，关联性判断更是法官经验与逻辑的融会贯通。加之电子数据专业性强，海量中的关联性盘根错节，却难以言表。认证脉络亟需厘清与细化。

（三）自觉中的客观性

张某诈骗案[③]。指控犯罪的聊天记录并非取自 QQ 账户，而系依被害人回忆整理而成，电子数据客观性存疑：庭审适逢公正难题。

输入所得的电子数据因受控自操作人的意识而具自觉性，其存储介质又无法交叉质证；据传闻证据规则，"自觉"数据的客观性明显不足，系庭审认证重点。同时，不同于书证载体的形式审查，电子数

---

① 邹积超、高峰：《试论刑事诉讼中电子证据的审查》，载何家弘主编《证据学论坛（第十六卷）》，法制出版社 2011 年版，第 137 页。

② 樊崇义、戴莹：《电子证据及其在刑事诉讼中的运用》，载《检察日报》2012 年 5 月 18 日第 3 版。

③ 孙长国：《刑事诉讼中电子证据的审查和判断》，载《第八届国家高级检察官论坛论文集：证据制度的完善及新要求》。

据与介质联系松散，认证环节除对系统环境、操作规程、录入目的、生成时间与场所加以考量外，还须比对、鉴定信息内容，进行实质审查。然而文档格式多样、情况复杂。自觉中的客观性主题突出，却无章可循。认证步骤仍需明确与充实。

（四）虚拟中的真实性

俞某侵犯名誉权案[①]。张某诉俞某化名"大跃进"，频发侮辱网帖；俞某则辩称，"大跃进"系其网名，与本人不具唯一对应性。虚拟身份急需甄辨：庭审经历严苛考验。

电子数据存在于探其有物却触之无形的虚拟世界，无法被直接感知与追踪。发件人身份怎样锁定，实时数据流如何固定，分散庞杂的网络证据怎么扣押，脆弱易毁的电磁信号何以提取……数字空间中，苛求"原件"与实物只会故步自封。最佳证据规则下，虚拟中的真实性似触手可及，却长途漫漫。认证范式必须创新与完善。

（五）脆弱中的可靠性

李某某盗窃案[②]。侦查机关出具扣押清单，却未封存作案电脑，其中数据是否原始、可靠，律师对其进行无罪辩护：庭审遭遇非常挑战。

电子数据与高科技相伴而生，在传输、存储等诸环节极易被监听、窃听、截取、篡改与删除；传闻证据规则下，其证明力薄弱。可靠性事关证据采信采纳，是此类认证的特有指标。生成提取的时间

---

① 胡鸿高、赵丽梅：《网络典型案例与法律法规汇编（国内部分）》，法律出版社2003年版，第135页。

② 邹积超、高峰：《试论刑事诉讼中电子证据的审查》，载何家弘主编《证据学论坛（第十六卷）》，法制出版社2011年版，第138页。

差、创建及保全场所、数据存活期、收集主体、取证工具、操作进程均系影响要素。然而数据稍纵即逝，变异防不胜防。脆弱中的可靠性时不我待，却战线绵长。认证畛域确需缩限与聚合。

（六）流转中的一致性

王某组织领导传销案[1]。侦查机关打印载有组织网络、分配规则的EXCEL表，并未提供原始介质和检验提取报告，表格信息与原始数据的一致性终成悬疑：庭审罹陷认证泥淖。

电子数据并不固着于原始载体，而常处于发送、接收、复制、拷贝中，传输便捷，却衍生出前后格式是否划一、新旧内容可否等同、系统环境能否兼容等问题。同一认定不仅涉及内容数据与附属数据[2]双重审查，而且关联取证工具适当性、存储介质稳定性、软硬件配置差异性等多元鉴证。流转中的一致性目标归一，却歧路重重。认证渠道还需优化与收缩。

二、图尔敏模式之纵横捭阖与正反推敲：经典案例思维进路归纳

他山之石可以攻玉。作为逻辑分析的经典模型，图尔敏模式（如图）讲究结论推演的逆势求证，又兼顾特定例证的反驳可能，纵横捭阖；力争正面顺势而下，又注重反面迂回前进，正反推敲。以

---

[1] 邹积超、高峰：《试论刑事诉讼中电子证据的审查》，载何家弘主编《证据学论坛（第十六卷）》，法制出版社 2011 年版，第 138 页。

[2] 内容数据是记载一定社会活动内容的信息，如电子邮件正文。附属数据是记录电子证据形成、处理、存储、传输等与内容数据相关的环境和适用条件的信息。

图尔敏模式为导引,典型案例的判断程序在剥离细节后推而广之,能升华为认证电子数据的一般进路,从而为逻辑框架的建构夯实实证根基。

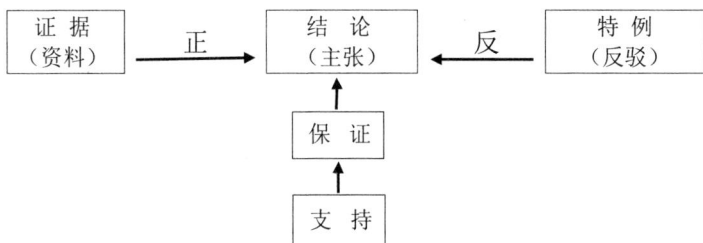

图尔敏模式图

(一)电邮身份的环节锁定

"张某侵犯名誉权案"[①]。事实认定的关键在于 2000 年 3 月 8 日张某是否使用 eszheng@public.bta.net.cn 发送诽谤邮件。网络空间的虚拟性使得张尔申"邮箱是自己的,但发件者不是本人"的辩解具备合理性,电邮身份成为争议焦点。

对此,法庭沿循网络连接轨迹,以间接证据形成闭合链条、锁定用户身份,并最终排除合理怀疑。其认证路径如下:

首先,追本溯源,从电邮第一环——"联网"切入。将上网记录中诸动态 IP 地址与发件 IP 同一比对,聚焦案发上网时间、主叫电话及 PC 机代号。

[①] 2000 年 3 月 8 日,29 位员工收到指控原告邵某盗用公司资金的电邮。邵某从发信地址 eszheng@public.bta.net.cn 断定是张某所为。张某矢口否认,认为是有人盗用自己邮箱所为。参见北京市第一中级人民法院于 2001 年 1 月邵某诉张某侵犯名誉权案作出的民事判决书。

其次，承上启下，用发件关键环——"时""空"交叉定位。发件时间与上网时间吻合，上网时间系上班时间，且被告当天无外出，即以"发件时间＋上班时间＋在场证据"锁定"时间"为在岗期间；拨号上网电话号码是被告办公电话，所用 PC 机是被告手提电脑，即由上网设备特征（PC 机 Windows 代号）＋传输设备特征（拨号座机）锁定"空间"为办公室：时空重叠，指向被告侵权的可能性。

最后，一以贯之，将传输必要环——软硬件环境串起，反向排除。以同时知悉被告邮箱密码、电脑密码、上网口令（上网账号、密码）并使用其办公电话的概率极低，否定他人盗用可能，自反面证实被告侵权的唯一性。

环环相扣，最终确证邮箱所有人与侵权行为间的对应关系。法院以侵犯名誉权判决张尔申赔礼道歉并赔偿损失。纵观全程，电子数据并非以片段、截面静止地认定真伪，而是由轨迹、流程动态地证明事实。树立环节意识，执"内容可采性"之果索"节点可靠性"之因；图尔敏的逆向思维模式应成为重要的庭审认证思路。

（二）病毒攻击的轨迹佐证

"'灰鸽子'盗窃案"[①]。证据审查的难点是电子证据"灰鸽子"的关联性：即"灰鸽子"病毒与盗取网银信息间如何相关。后侦查员在扣押电脑中发现了能记录所有按键信息的程序"天狗结巴"，从而获得指控盗窃的强力佐证。嫌疑人正是将"灰鸽子"经网络传播至被害

[①] 嫌疑人利用灰鸽子黑客软件窃取被害人网银账号、密码。《检察意见书》证实嫌疑人电脑内有灰鸽子和记录网银密码的文本。但灰鸽子仅能对电脑实现文件上传、下载等远程控制，无法直接获取网银信息。参见邹积超、高峰：《试论刑事诉讼中电子证据的审查》，载何家弘主编《证据学论坛》（第十六卷），法律出版社 2011 年版，第 137 页。

人电脑后，利用该病毒的上传功能将"天狗结巴"植入；"天狗结巴"自动记载网银登录，并将输入的密码传出。

由此可见，电子数据认证远非就事论事，更需旁征博引。充分利用潜在证据①，横向挖掘电子数据与待证事实间的"连接点"，不仅能翔实还原案发细节，还可有力佐证数据真实，强化其证明力。比如照片文档的审查，关注对象除数字图像外，还可横扩至相机品牌、型号、拍摄日期、光圈值、曝光时间、海拔与经纬度等。又如音像资料的甄辨，视野所及除视听信息外，还可拓展至制作人、创建修改日期、文件位置、系统环境、适用条件等。树立整体意识，由点带面、拓宽思路、由面及点、精雕细琢；图尔敏旁敲侧击的佐证进路是可行的庭审认证范式。

（三）手机取证的证实证伪

"地震门"。② 控辩双方分歧集中于：谣言短信是否为嫌疑人所发，庭审交锋激烈。以控为正、以辩为反，列表如下：

---

① 很多信息隐藏于证据形式背后，而与待证事实存在密切联系。比如电子数据的物理存储地址等环境信息。

② 2010 年，手机传播"地震"谣言，引发严重恐慌，百万市民离家躲震，造成社会秩序混乱。《手机取证的证据问题：信息与法学的对话》，载何家弘主编《证据学论坛》（第十六卷），法律出版社 2011 年版，第 212 页。

正　方	反　方
取证过程合法：两人取证、信号屏蔽、数据线匹配、数据恢复 **内容三方印证**：嫌疑人发件箱、被害人收件箱、运营商数据库 **言词证据佐证**：口供+证言	**取证工具违法**：软件非国际通用 **鉴定专家作假**：不排除鉴定时伪造了手机本无的信息 **黑客攻击网络**：不排除远程控制将短信植入嫌疑人手机 **他人克隆机号**：盗用手机号发送，后将短信存入傀儡机

正　方
软件合法研发：自主研发，有专利号
鉴定操作规范：哈希值认定、镜像复制、封存样本、全程录像
时间三方一致：收、发件与服务器记录无时间差
内存无攻击痕迹：SIM 卡无黑客攻击迹象
盗号无法完成：涉案短信众多，无法一一盗号发送

反　方
孤证不能定案：电子数据易变，不可单独应用

正　方
非歧视原则

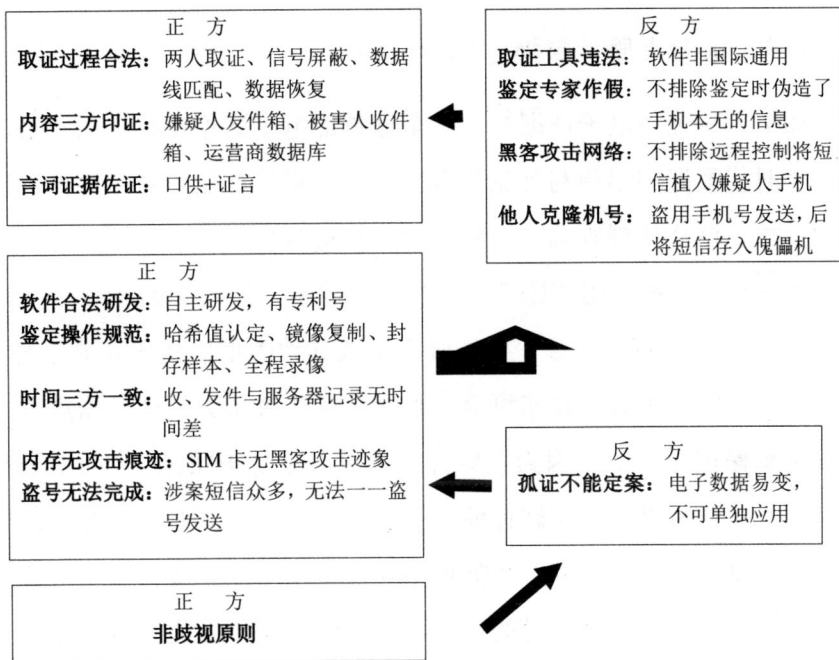

双方你来我往、争论胶着，却一辩一驳，思路明晰。兼听则明，偏信则暗。树立正反意识，图尔敏证实证伪的双向进路可勾勒明晰的庭审认证脉络。

三、证据采信之遵循目的与变通途径：
域外理论研究范式考证

证据规则作为审核证据能力、证明力所依据的重要准则，是电子数据庭审认证不可逾越的屏障；真伪、大小，采纳、采信，均离不开既成证据规则的检验。而电子数据在超越传统证据形式的同时，也突破了证据规则的原始外延。最佳证据规则、传闻证据规则，怎样在遵循立法的目的下，另辟蹊径、寻求合理变通？域外实践提供了参考范式。

（一）加拿大原件置换之环境证据

加拿大《统一电子证据法》是全球首部电子证据单行立法，是适应数字时代发展的思想与理论集成。面对"最佳证据"对"原件"形式的桎梏，该法从规则确立目的入手，规避对抗、转求对接，以环境证据替代直接证据，用"原件"置换迂回排难。

该法第五条即通过对"计算机系统或其他类似装置曾正常运作"的证明，推定电子数据真实可靠。加拿大立法者认为最佳证据规则的目的是确保记录真实，因为在原件上的更改更易被察觉。[①] 而电子数据与原件可分的复制、流转性使"原件"审查丧失了必要。况且，作为"0"、"1"数据流，电子数据也不存在传统原件。故只要证实数据生成、传输、存储、删改时的系统环境运行正常，就能推定数据内容客观、一致。

加拿大立法例成功释明追本溯源的方法论，与图尔敏建构中逐层逆推的模式契合，故而为庭审认证做好实务铺垫。

（二）美国传闻例外之正当业务证据

作为信息科技母国，美国在传闻证据与电子数据博弈中首开先河，提出正当业务取得例外；突破了"电子数据无法接受交叉询问，输出的书面资料应被视为传闻证据"[②] 的瓶颈。在休斯诉美国案[③] 中，联邦第九巡回法院依据《联邦证据规则》之规则 803（8），采纳国税

---

① 韩波：《论加拿大＜统一电子证据法＞的立法价值》，载《政治与法律》2001 年第 5 期，第 76 页。

② 王小莉：《电子商务仲裁法律问题研究》，载《仲裁研究》2005 年第 2 期，第 62 页。

③ 刘品新：《中国电子证据立法研究》，中国人民大学出版社 2005 年版，第 91 页。

局制作的电子表格；在美国诉桑德斯案 [1] 中，法院认为业务记录是正常业务中的惯常登记，制作程序能确保内容真实；在罗森伯格诉克林斯案中，判决确认"业务记录因无人参与生成过程而更可靠，不得加以排除" [2]。

如是，美国判例法在电子数据认定上避实就虚，绕过传闻证据的传统内涵，由证据规则设立目的推衍、扩充原始证据的外延；最终衡平了关系，毫不违和。美国法求同存异、聚同化异的思路，可为图尔敏模式处理"主张"（指控）与"例外"（辩护）的紧张关系时所借鉴，故而为庭审认证提供良好的域外经验。

四、证据认证之纵向回溯与横扩承接：电子数据图尔敏模式建构

作为案例的经典聚焦与诉讼的世界趋势，电子数据伴随信息电子化、交易无纸化的勃兴而繁荣，成为事实认定的关键一环。庭审中应如何客观、精准地判断其证据"三性"，进而建立锁定主体与行为的链条？目前，立法没有明确规定能依，司法尚无系统经验可循。而思维模式比制度模式更重要。[3] 建立对流程信息纵向回溯、对证据规则横扩承接的研究范式，是实务与理论的期待。

---

[1] 刘品新：《司法公证：知识产权与互联网电子数据证据》，http://V.youKu.com/V_show/id_XNj1NjKyMjA4.html，2016 年 8 月 10 日最后访问。

[2] 刘品新：《美国电子证据规则》，中国检察出版社 2004 年版，第 173-175 页。

[3] 郝铁川：《论逻辑思维与法律思维》，载《现代法学》，1997 年第 3 期，第 43 页。

（一）图尔敏模式对形式逻辑的超越

形式逻辑系传统证据认定与事实法律裁断的推理模板，以"三段论"演绎见长，思路简约、条理清晰。但形式逻辑对语言问题处理有简单化的倾向。[①]现实中，法律大前提并非包罗万象，案情小前提亦扑朔迷离。面对个案，法官并非自动售货机[②]，无法千篇一律地得出结论。而"三段论"架构除保留精简的大小前提外，剥离了独特的行为细节，抽象掉翔实的个案情势，用程式思维取代复杂论证；无法囊括"对生活中大量话语的逻辑分析[③]"，也禁不起庭审控辩的反复追问。

图尔敏模式正是对形式逻辑的超越。图尔敏尊重日常思维的多元化，正视法律程序的复杂性，建构了由主张、资料和正当理由等基本要素组成的基本模式和由支援、限定词、反驳等补充要素构建的扩展模式。（如下图）图尔敏模式关注多轮争议与反复质疑，重视个性特点和特殊语境，并为不断深入的"为什么"设置应对预案；强调资料是对主张的证明、正当理由是对主张与资料关联的支撑、支援是正当理由的依据、限定词是资料对主张担保强度的反映、反驳是对主张例外情况的说明。与形式论证相比，图尔敏树形模式在内容上逐层支撑，根基扎实、架构丰满；能够适应庭审的交互辩论与反复争执。

---

① 莫晓红：《图尔敏论证模式研究》，华南师范大学 2004 年硕士毕业论文，第 6 页。
② 韦伯设想法官如同自动售货机，只是法律机械的实施者。[德] 马克思·韦伯：《论经济与社会中的法律》，张乃根译，中国大百科全书出版社 1998 年版，第 62 页。
③ 周祯详：《逻辑导论》，广东高等教育出版社 2004 年版，第 33 页。

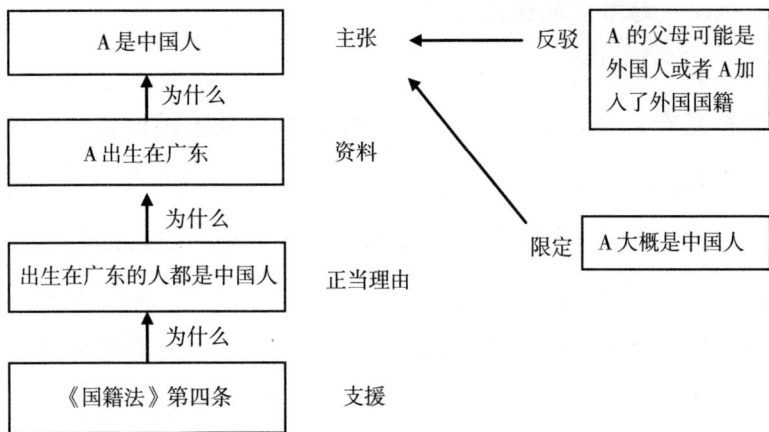

图尔敏模式的超逻辑应用

（二）图尔敏模式对庭审认证的建构

将电子数据产生、发展、收集、保管、提交的全过程呈现在事实审理者面前，才能保障其真实和同一。[①]电子数据的高频流转性、系统依赖性与内容脆弱性，决定了认证过程绝非浑然一体的静态判断，而必然经历动态流程审查与分解要素分析：是细致的技术评价与规范的程序抉择。庭审任重道远。

图尔敏模式作为完整展现论证全貌的翔实范本，"批判地检查证明步骤，更易发现论证弱点，极大减少含糊性"[②]。执果索因、层级上溯，建构庭审认证的图尔敏模式，将在思维进路上突破数据证据审核难的瓶颈。

[①] 樊崇义、戴莹:《电子证据及其在刑事诉讼中的运用》，载《检察日报》2012年5月18日第3版。

[②] 莫晓红:《图尔敏论证模式研究》，华南师范大学2004年硕士毕业论文，第24页。

1. 证据流转节点的纵向逻辑推演

（1）合法性认证

证据具有合法性即"主张"，主体、手段合法是证实"主张"的"资料"。同时，辩护人必将追问"资料"依据，法官亦有"为何如此说"的困惑。"正当理由"便是展示"资料"正当、排除合理怀疑的说明。

手段"正当理由"二分为取证、鉴定合法。如何合法？为建立内心确信，再设支撑"理由"的"支援"，并依次推进。"取证手段"项下"工具合法"意指取证软件。软件合法与否直接关系电子证据是否合法。[①]美蒙哥马利虐童案[②]，即因黑客软件远程登录违法，而丧失有利指控证据。"手续合法"区分两个现场：单机现场，即单一计算机的软硬件系统；网络现场，即诸多计算机组成的网络空间。前者属静态存储环境，按传统搜查、扣押程序进行；后者是动态环境，取证更具实时性，且易侵犯隐私，须严格审批。"鉴定手段"项下哈希值比对，确保鉴定依法依规、未对数据修删。

主体"正当理由"二分为身份、资质合法。前者侧重侦查权限，后者要求技术资格。因电子数据具有可破坏性，取证主体须具有专业性，否则获取证据不得作为定案依据。[③]

[①] 刘品新：《论电子证据的认证规则——以可采性的认定为视角》，载《证据学论坛（第四卷）》，第132页。

[②] 马茨瑊：《新刑诉法下论电子证据》，http://transcorder，baidu.com/from=1001192j/bd-page-type=1，2016年8月10日最后访问。

[③] 李晓佩：《论电子证据的排除规则》，载《人民检察》2014年第10期，第57页。

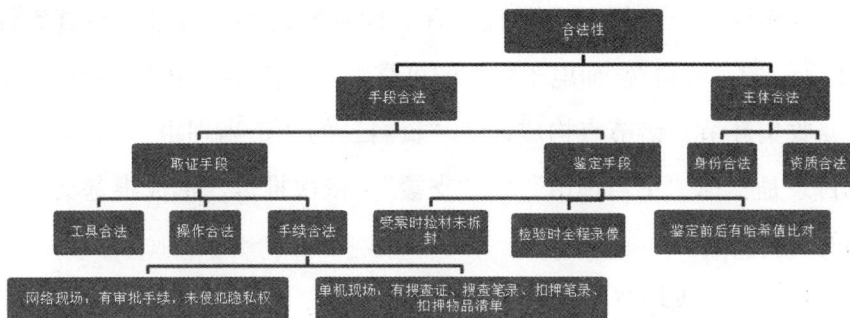

合法性认证

（2）真实性认证

真实性事关证据能力与证明力，是认定的重中之重。不同于英美形式审查，我国力求"证据必须查证属实"，强调实质真实。然而，电子数据受控系统环境、依赖存储介质，加之高频拷贝、网络传输，在诸环节均易修删、损毁。形式上真实成为电子证据审查最核心内容。[1] 如下从流转节点切入，由流程进路考证真实性。

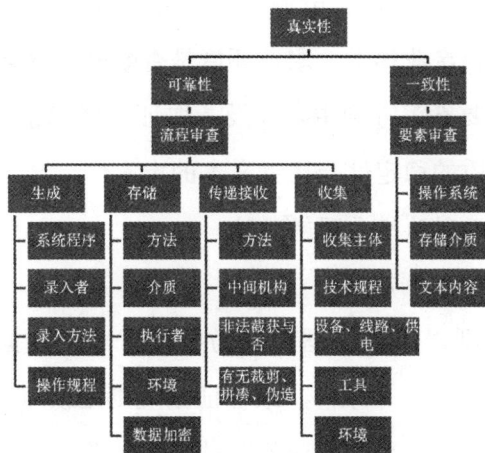

真实性认证

---

[1] 刘婷：《电子证据在刑事诉讼法中的司法适用》，http://www.shezfy.com/view.html?id=7 6286，笔者 2016 年 7 月 21 日最后访问。

可靠性、一致性是电子数据真实性判断的特殊标准，系真实性"主张"的"资料"。而电子数据的可靠、一致离不开生成、存储、接传、收集环节，诸节点构成证实"资料"的"正当理由"。节点项下子目录是支撑"正当理由"的"支援"。依次推进，形成根基支持冠部的回溯机制。

其中，生成环节：系统是否自动生成的，程序是否正常，系统是否调试；经人工录入的，录入者是否被监控，操作规程是否规范，录入方法是否合法。

存储环节：方法是否科学，介质是否可靠，执行人是否客观公正，环境能否防潮除尘、抗干扰与高温，有无加密防护。

接传环节：传输方法是否科学，服务商是否独立，有无被非法截获或剪裁伪造。

收集环节：主体与案件有无利害关系，操作规程是否依法，设备是否完好，线路是否畅通，电源是否充足，是否发生断电或病毒侵扰，取证工具是否专业科学，取证环境是否断网与屏蔽。

一致性下的要素审查则主要涉及：取证、展示系统与原始环境的一致性、存储介质的稳定性与拷贝文本的忠实性。

2.证据认证规则的横向逻辑对接

（1）关于最佳证据规则

最佳证据规则以出具证据原件为要义。电子数据的原件无法感知，能呈于庭堂的又并非原件。最佳证据规则是横亘于电子数据认证前的屏障。理顺二者关系、实现逻辑对接势在必行。

紧张起于"反驳"。电子数据与原始介质关系松散，考察原件确无必要。而最佳证据源自书证，内容、载体密不可分，形式审查保障真实。二者针锋相对。庭审认证需迂回而行。

其一，调整"主张"，转换思路。由符合规则要求过渡至契合规则目标。最佳证据并非就原件泛泛而论，而是以原件审核确保真实性认定。如是，便不必拘泥于原件。只要能甄辨证据真伪，就实现了规则目标，即与最佳证据规则殊途同归。

其二，组织"资料"，展开推定。电子数据与系统程序相伴而生，和设备性能、操作规程相辅相成；具有较强的依存性。说明"制作经过"能保障电子数据的真实性。[1]诸节点流转方式科学、操作人员公正、系统正常、介质稳定、平台一致，即可佐证数据可靠、推定内容真实。

其三，得出结论，加以"限定"。电子数据的环境证据认证与最佳证据规则适用形异神同、理念相当，电子数据基本满足最佳证据要求。

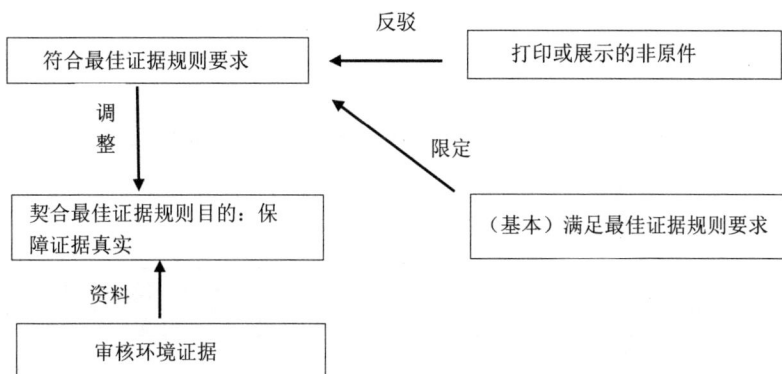

最佳证据规划图

---

[1] 高荣林：《电子数据证据与证据排除规则》，载《上海政法学院学报（法治论丛）》，2014年第4期，第127页。

（2）关于传闻证据规则

传闻证据规则要求证人接受交叉询问；计算机却无法出庭。"符合规则要求"的"主张"经不起"反驳"。传闻证据规则是庭审认证无法绕过的关卡。怎样打通诉讼壁垒？进行思维对接，试行在前。

其一，重置"主张"，变换视角。规则不仅是据成方圆的指航，还是蕴含价值的判断。传闻证据规则的设立是为了保障被告质证权和证据可靠性。[①] 即以程序正义对抗传播引发的信息衰减与扭曲。因此，保证节点证据可靠一致，即符合规则要求。

其二，精选"资料"，进行论证。介质无法到庭，但依公共管理等正当目的形成的电子记录所载信息可靠。审核正当业务证据与适用传闻证据规则均保障内容真实。二者异曲同工，价值契合。

其三，"限定"结论，排除障碍。正当业务形成的电子数据因与"传闻证据"首推的原始证据小异而大同，基本满足规则要求。矛盾得以化解，内心形成确信。

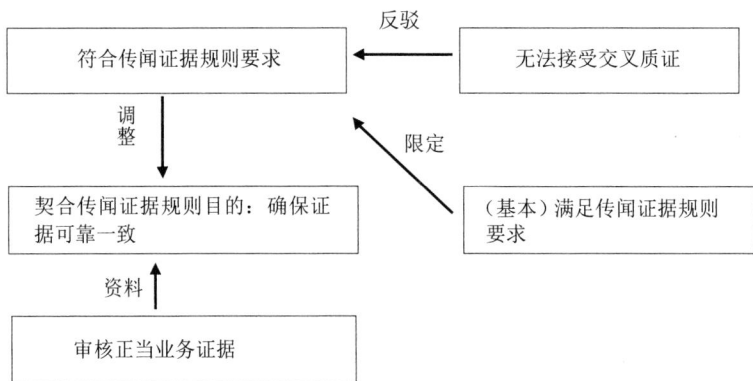

传闻证据规划图

---

① 高荣林：《电子数据证据与证据排除规则》，载《上海政法学院学报（法治论丛）》，2014 年第 4 期，第 128 页。

3. 证据采信标准的二元模式转换

电子数据认证的图尔敏模式实现着证明范式与证明标准的跨越。宏观而论，其执果索因、逆势回溯，由前方论点倒推后步证据，颠覆了形式逻辑"三段论"的演绎思维进路。微观而言，其以环境证据置换原件，推定真实性；由业务证据拟制原始证据，预设可靠性；将电子数据对接证据规则，实现基本合规性。但图尔敏新模式并未挑战证据现体系，而仅是内部的增容与扩充，进行着采信标准的模式转换。

图尔敏模式追本溯源、逆向推论，却绝非有罪推定；而是增加质证设问，延展思维路径，将目光不断往返于论点论据之间，聚焦在证明接力的每一环。其仍以证据裁判原则为宗旨、要义，证据链上的任何断裂都将得出终端论点不成立的结论。故无罪推定原则未被撼动，一直是贯穿的红线。

推定中的"可能"、拟制内的"应该"、基本符合里的"基本"，诸多具限定功用的模态词精雕微塑着逻辑结论。但这并未改变采信标准本身，而仅是在逻辑进路上更为迂回与周延。同时，"可能"可被"推翻"救济，"应该"能视作"等同"，"基本"不影响定性。故事实清楚、证据确实充分的证明标准不会改变，永远是终极的目标。

电子数据亦有着普罗透斯似的脸[1]：既易因修删而丢失；又能经技术而恢复，常会留下蛛丝马迹。1986 年伊朗反叛事件[2]，Olive North 上校销毁文档、删除电邮，以为万事大吉；却终究难逃 IBM 系统备份的"指认"。如何挖掘残缺数字间的关联信息，并在法律与逻辑框架内最

---

[1] 博登海默说："正义具有着一张普罗透斯似的脸……具有极不相同的面貌。"参见 [美] 博登海默《法理学：法律哲学与法律方法》，邓正来译，中国政法大学出版社 1999 年版，第 252 页。

[2] [美] Eoghan Casey：《数字证据与计算机犯罪》，陈圣林译，电子工业出版社 2004 年版，第 7 页。

大限度地予以还原，同样值得研究。

我们走过"神证"、走入"人证"、迈进"物证"，如今又迎来一个新的司法证明时代——电子数据时代[①]。新纪元、新技术、新理念、新模式，在以庭审为中心的诉讼新格局中，电子数据应有所作为，要大展宏图。

---

① 参见何家弘:《神证、人证、物证——试论司法证明方法的进化》，载《中国刑事法杂志（总第40期）》，第60页。

对刑事诉讼中证人出庭难问题的
法经济学析解

证人出庭难始终困扰刑事司法，其架空控辩质证环节、削弱法官内心确信、导致庭审认证虚化，是阻滞"以审判为中心"的诉讼制度改革深入推进的顽疾。如何破解？证人是言词证据的信息载体与程序法治的柱石砖瓦，更是远嫌避怨的血肉之躯、逐利求名的理性生命。出庭难问题成本收益式析解，尊重证人的"私心"，体谅证人的困窘，从经济视角切入，以市场为语境剖析；于命令规范中引入关注本性的活水，将为问题研判和解决提供一条法经济学进路。

一、制度猛药难愈缺席沉疴：出庭心结的实务研判

实践中，证人作证长期存在"三难问题"，即通知到庭难、说真话难、到法庭接受质证更难。[①]修正后的《刑诉法》迎难而上，在制度层面构建经济补偿、人身保护、强制出庭与拒绝作证处罚"四位一体"顶层设计，从正向激励与反向惩治两个维度，提出攻坚克难的

---

① 樊崇义：《证人作证制度实现三个方面的进步》，载《检察日报》2012 年 3 月。

立法方案。然而，《刑诉法》实施后，证人出庭问题并未得到有效解决[1]；证人出庭率还是比较低[2]。

（一）出庭强制下的耻讼观念根深蒂固

案1：李某是一起诈骗案的关键证人。法院通知其出庭作证，李断然拒绝。当被告知将承担法律责任、法院可强制到庭时，李表示即使坐牢也不配合。最终，法院未予强制。[3]

民不畏罚，奈何以罚惧之。《刑诉法》颁行后，相关调研及研究显示，诸地法院均未发现一例强制证人出庭案例[4]。证人出庭率低的现状没有改善，仅依靠制度并不能解决根本问题。[5]强制失灵，原因何在？功利考量背后衍生着人性的追问。

上下千年鸡犬相闻，国人以无讼为贵。自孔子"以德去刑""必也使无讼乎"始，贵和持中、畏法忌诉的耻讼传统源远流长。在血脉相连、亲缘叠加的乡土中国，人们多忌惮对簿公堂时的剑拔弩张，而追求"化干戈为玉帛"后的平和恬淡。文化如是。

而今经济转型社会转轨。城乡一体化变革中，传统与现实交汇碰撞，时代赋予耻讼观以新的内涵。人潮迁徙、思潮流变，"老死不相

---

① 李奋飞：《"作证却免于强制出庭"抑或"免于强制作证"》，载《中外法学》2015年第2期，第488页。
② 陈瑞华：《新间接审理主义——"庭审中心主义改革"的主要障碍》，载《中外法学》2016年第4期，第850页。
③ 张莉：《新刑事诉讼法实施过程中证人出庭存在的问题和对策》，载《山东审判》2016年第2期，第56页。
④ 材料参见李春珍、谭庆德：《被追诉人权益保护的刑事证据制度设计反思》，载《山东社会科学》2016年第9期，第161页。
⑤ 陈瑞华：《新间接审理主义——"庭审中心主义改革"的主要障碍》，载《中外法学》2016年第4期，第850页。

往来"的熟人社区渐不复存在，同乡邻里间地缘社交可能荡然无存。潜心经营的陌生人关系薄如蝉翼，却至关重要。人们多抱宝怀珍、不忍触碰。加之，证人本就与案件无甚利害，裁判结果对之不关紧要。由此出庭，前有压力，后无动力，证人拒绝作证虽有悖法治理念，却仍在情理之中。

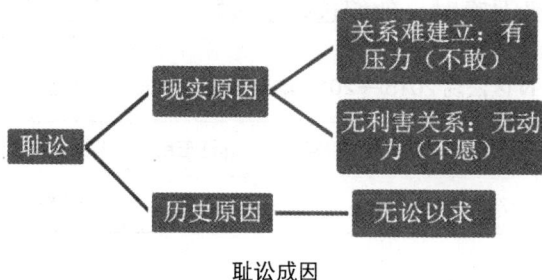

耻讼成因

（二）出庭保障后的生存危机积重难返

案 2：肖某是一起寻衅滋事案的目击证人。其与妻子一起作证，将恶霸绳之于法。肖家却从此走上背井离乡、躲避报复的逃亡之路。女儿被迫辍学，儿子不得相见，妹妹也受到牵连。[1]

案 3："小乐"是一起聚众斗殴案的重要证人。南京某 KTV 事发，"小乐"即向警方作证，李超等人归案。不久，"小乐"被打得血肉模糊。[2]

证人境况堪忧。修订后的《刑诉法》强化出庭保障，对危险较大的几类案件规定了比较翔实的安保措施，但是，面对证人积重难返的生存危机，仍是杯水车薪。毕竟，结案有时，做人无期。当出庭使命

---

[1] 参见:《逃亡人肖某：谁能给我一个安定的家》，载《中国青年报》2008 年 9 月 3 日，第 6 版。

[2] 参见:《宁首例打击报复证人案小伙作证事后遭数人殴打》，载《南京晨报》2015 年 9 月 26 日，第 8 版。

随着法槌起落终结时，证人生活还将继续。褪去庄严的光环，作为普通公民的他们该如何平静地回归？没有及时、长久的人身保护，他们恐慌；欠缺周详细致的财产保护，他们无助；尚无健全多样的保护措施，他们纠结；缺乏明确具体的保护程序，他们困惑……加之出庭保障适用范围较小、家人权益守护不周，证人出庭顾虑重重。两弊相衡取其轻，在正义召唤时，他们选择了沉默。

T市N区法院2015—2016年度刑事庭审证人不出庭情况[1]

不出庭原因[2]	与己无关	害怕报复	作证无用	系被告人亲属	其他
所占比例	27.1%	58.6%	10.1%	2.9%	1.4%

二、成本收益诠释行为顾虑：出庭抵制的趋利性剖析

当庭作证是一项神圣义务。每位社会个体均是"潜在受害者"，需要借助他人还原真相、佐证清白：个案司法公正有着极大的普适性。然而同时，每个群体成员皆是精打细算的理性人，为谋求生存、发展，他们更会为自身行为计量成本、追逐收益。

（一）"不愿"的理性行动解读

1.理性行动理论与个人目标行为

理性行动理论认为，个体行为可根据行为意向合理推断，行为意

---

① 数据来源于对N区法院2015—2016年度不出庭典型案件的问卷调查、电话询问与对该院刑庭法官的现场访谈。

② 特指证人方面的原因。

向是由行为态度与主观规范共同决定。[①] 其中，行为意向指人从事特定行为的倾向；行为态度是人对目标行为所持的正、负面情感；主观规范是人在行为决策时所感受的社会压力。多因融合，最终导致了行为改变。

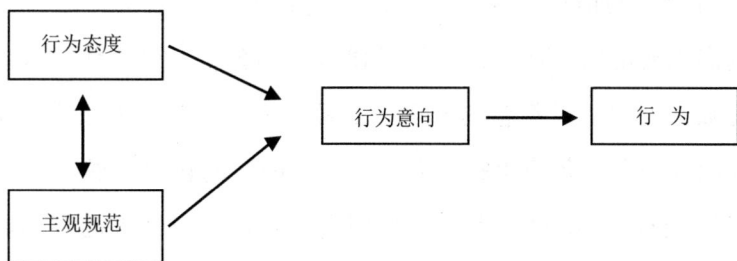

行为的产生

如是，作为独立的生命，人有喜怒哀乐、信仰和追求……这些雕塑着个人兴趣与选择偏好，最终影响了行为态度。作为社会的成员，人有责任使命、举止禁忌，这些同化了个体思维，打磨着个人心性，最终构建必须顾忌、遵守的主观规范。社会生活复杂，决定了目标行为及其背后行为意向的双维或多维，其中既有无法避免的群体张力，又有有限自由的自我驰度。多力角逐、博弈共生，行为态度与主观规范共同造就着因人因事因时而异、并不稳定的目标抉择。但是，作为自然与社会的合体，人终究是社会的；作为感性上的理性追求，行为最终是理性的。社会成本考量不可避免地主导着行为进退。

2."不愿出庭"意向与现有损害最小化

"不愿出庭"绝非证人一时冲动下的草率之举，而是衡量利弊后的艰难抉择。作为持筹握算的理性个体，证人"是否出庭"的行为意

①[美]保罗·萨缪尔森:《经济学（第十九版）》，萧琛译，商务印书馆 2012 年版，第 54 页。

向遵循着理性行动原则。

行为态度，即证人对"出庭"目标所持的正向情感，内化成驱使其如实作证的原始动力。不同于"棰楚之下，何求不得"的封建裁断，在证人主体地位渐行确立的当下，司法对证人的尊重正逐步加深着证人对司法的信任。当笃信自己所说有用、法院秉公执法时，"相信"的涓流便汇成摧垮"沉默"的洪波。而公正，是个体对社会的期许；良知，是内心对善恶的分辨：二者前是理想，后为底线，相互作用，共同推动着"要我出庭"向"我要出庭"的转变。加之，2012年《刑诉法》首次明确对证人支出费用进行补偿、对证人已有福利予以保障，同时还明文规定对证人拒不出庭给予司法惩处。诸多因素由内到外、从正至反，构建着敦促证人出庭的正向行为态度，使"目标行为"照进现实。

主观规范，即证人出庭前后所面临的社会压力，是阻滞作证的主要障碍。某些案件，证人作证后可能终身处于险境。[①] 的确，目前司法资源有限，社会介入不足；公检法职责分工并未完全明确，推诿现象存在；证人保护措施单一，保护范围有限；事后惩处有余，事前防范不足……当"肖某"们身处窘境时，我们一不能安顿住所、提供医疗服务；二不能变更身份，进行全天候保护；也没法似德国一样由联邦警署根据危险级别，实施递进式防卫。庭审之后，法律边缘的自救往往成为中国证人自保的常态。当证人出庭后人身安全没有保证、手中财产毁损殆尽、原有地位化作乌有，携妻带子颠沛流离时，他今后会作何选择，可想而知。目睹耳闻的"潜在证人"们将作何选择，可

① 赵培显：《证人出庭作证的困境与出路——基于2012年＜刑事诉讼法＞的分析》，载《铁道警察学院学报》，2014年第24卷，第97页。

想而知。

理想与现实、动力与压力，正反交汇。不同的证人、不同的案情、不同的境遇，由此形成了不同的出庭意向与出庭结果。不可否认，不少证人出庭压力远胜动力，"不值得"成为"出庭难"的内在动因。此时，"若对证人实施强制出庭，并采取惩戒措施……将会使法院处于与证人对立的尴尬地位……造成恶劣影响。"[①] 疏胜于堵。面对实务瓶颈，以"强制出庭"作底线，用人情关怀相引导，软化症结、迂回突破，或许是更好的进路。

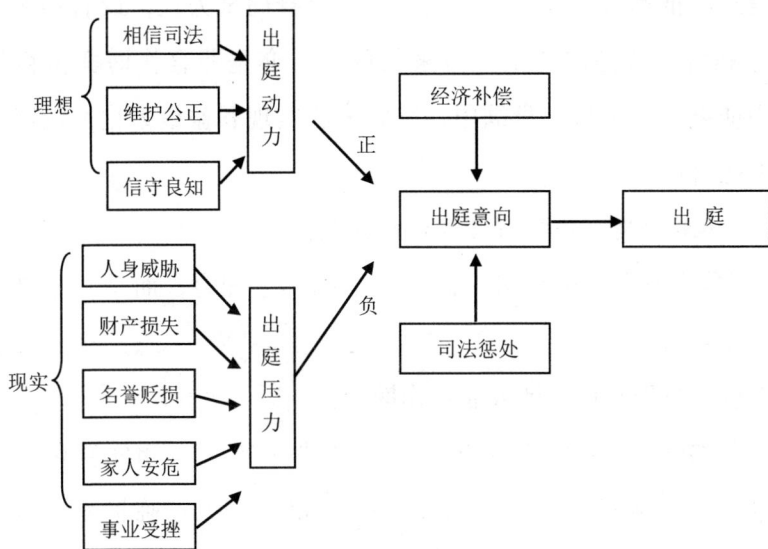

理想的出庭压力与现实的出庭压力

---

① 叶扬：《新刑事诉讼法实施后的证人出庭作证问题研究》，载《社会科学家》2014 年第 9 期，第 112 页。

（二）"不敢"的囚徒困境注脚

1. 囚徒困境与非合作博弈

囚徒困境[1]是非合作博弈的经典案例。同样面临或证据确凿判七年或证据欠佳判半年的命运，俩囚徒均未如料选择抵赖以换取后者，却无一例外地坚持坦白获得折中。个中原因耐人寻味。

囚徒因无法串供摒弃攻守同盟，完全从个人出发，仅将对方视作自身决策的参考背景。如是，无合作则无共赢。坦白坐牢成为合算的占优策略，抵赖获释根本无从实现。以自身周全为径，最后却无法确保核心利益，这是囚徒困境带来的启示，亦是非合作博弈留存的教训。囚徒终究迈不过自身欲望，因此无法实现利益最大化，最终身陷困境不能自拔。

2. "不敢出庭"抉择与当前利益最大化

"不敢出庭"并非证人一念偏执下的不予配合，而是坚守自身安全中的反复博弈。

不认罪被告与控方证人非合作博弈：

（1）被告辩解时，证人出庭。供证"一对一"，事实存疑。焦点在量刑，疑罪从轻，被告刑罚减半——0.5，证人面临报复危险（被告几率$\frac{1}{2}$ + 利害关系人几率$\frac{1}{2}$）随之降低 $1-\frac{1}{2}\times\frac{1}{2}$——0.75；焦点在定罪，疑罪从无，被告无罪，刑罚为0，证人危险最大——1。

（2）被告辩解时，证人拒不出庭。指控证据未形成闭合锁链，结论尚存合理怀疑。秉持"证据裁判"，被告无罪释放，刑罚归0。证人

---

[1] ［美］罗伯特考特、托马斯尤伦：《法和经济学（第五版）》，史晋川、董雪兵等译，格致出版社·上海三联书店·上海人民出版社2010年版，第33页。

未当庭指证犯罪，风险为 0。

（3）被告沉默时，证人出庭。面对当庭举证，被告既不承认也无反驳。当证人接受顺序询问、证言经过控辩质证，法院遵循"印证规则"予以采信时，被告罚当其罪，刑罚为 1。证人风险减半——0.5。

（4）被告沉默时，证人拒不出庭。证言毫无程序价值，指证犯罪的是其他证据。若定罪存疑，疑罪从无、被告无罪，刑罚为 0；若量刑存疑，疑罪从轻，被告刑罚减半——0.5。证人从未出庭，报复风险归 0。

不认罪被告与控方证人的非合作博弈

综上，无论被告沉默或辩解，证人拒不出庭都是博弈中的占优策略。于是，在制度惩处与正义召唤时，有人拒绝作证；在维护公益与庇护私利间，有人选择逃避。的确，证人以不出庭换得暂时自保、眼前风险归零。但是囚徒困境，既非利益最大化，亦非安全最大化，而是短见的恶果、欲望的绝境。逃避惩处，被告没有受到刑罚报应与改造，主观恶性尚存、人身危险更大。若每人都拒绝参与公正审判、忽视还原事实真相，犯罪黑数会无限增加，社会将人人自危。囚徒困境中的证人终将被害人化。

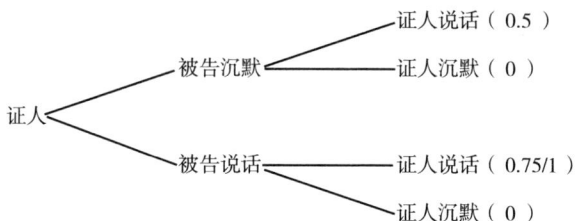

证人出庭与否的风险考量

三、司法需求导引制度取向：出庭瓶颈的市场化破解

如何实现司法公正与证人安全双赢？问渠哪得清如许，为有源头活水来。法经济学以交易主体"经济人"为基准、法律主体"正常人"为主导，既关注制度运行这只"看得见的手"，又重视市场交易那只"看不见的手"；从证人视角切进，尊重司法规律，体谅趋利避害，推进法律与经济双重分析，于手手相握间，为出庭难问题化解提供一条见微知著的市场化研究进路。

（一）需求弹性曲线内的因势利导

1. 价格需求弹性与证言需求差异

价格需求弹性（E），指市场消费需求对商品价格变动的敏感程度。[1]其翔实刻画与精准再现了价格变化对消费数量的影响，是法经济学衡量商品市场重要性的灵动指标。商品可替代品愈多，价格升降对需求量减增作用愈大，价格需求弹性愈高：如奢侈品，价格微扬，

---

[1] ［美］罗伯特考特、托马斯尤伦：《法和经济学（第五版）》，史晋川、董雪兵等译，格致出版社·上海三联书店·上海人民出版社 2010 年版，第 25 页。需求弹性 $= \dfrac{需求量变化百分比}{价格变化百分比}$

需求起伏动荡；反之，弹性愈低：如刚需品，价格上涨，需求稳中略变。

一脉相通。不同案件中证人证言对犯罪事实及性质认定的作用有主次之分、大小之别。以此为基创设证言需求弹性（E）[1]，区分案件需求差异，进行证言重要性排序，具体剖析个案出庭必要。如此，将细化出庭难问题，并助力解决。

当 $E > 1$ 时，富有弹性。某证人证言不可替代，对案件定罪量刑有重大影响。其内容些许变化，便引发事实认定、案件定性重大改变；而其他证据并不扎实，或有瑕疵，或为孤证，或所指不明，或前后矛盾，亟待证言印证、补强。此时，该公诉人、当事人、辩护人或代理人提出异议，人民法院认为证人有必要出庭作证的，证人应当出庭。

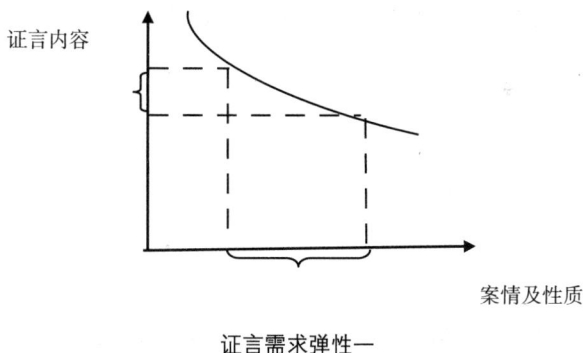

证言需求弹性一

当 $E < 1$ 时，缺乏弹性。某证人证言仅强化或减弱证据群整体证明力，对定罪量刑并无重大影响。其或非直接证据、或非原始证据、或非主要证据，内容即使出现较大变化，也未致事实认定、案件定性大幅调整；其他证据基本确实、充分，能够指证犯罪或反证清白，基

---

[1] $E=\dfrac{案情及案件性质变动百分比}{证言内容变动百分比}$

本排除合理怀疑。此时，公诉人、当事人、辩护人或代理人一般不会提出异议，即使提出，人民法院也可以"没有必要"为由予以驳回。证人可不出庭。

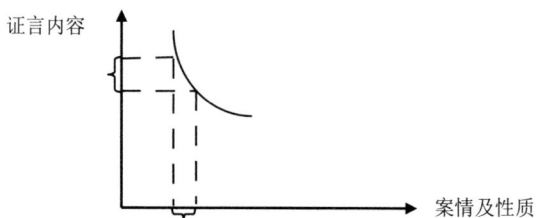

证言需求弹性二

当 $E=0$ 时，完全无弹性：某证人证言既非决定定罪量刑的重要证据，亦非控辩双方的主要焦点。其内容发生任何改变，均未影响案件事实、案件定性；其他证据确实、充分，法官能够排除合理怀疑、形成内心确信。此时，从诉讼公正与司法效率出发，证人无须亦不应出庭。

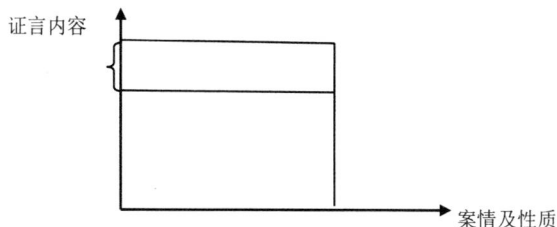

证言需求弹性三

2. 问题分类利导与司法因案制宜

客观、精准地评估证言需求弹性至关重要。《刑诉法》第一百八十七条明文规定关键证人应当出庭的并行条件，从当事人异议、实体价值、程序必要三个层面递进式划定证言不可替代、证人必须出庭的法制底线。其中"人民法院认为必要",是对"异议"、"重大"审核把关的立法屏障和程序关隘,堪称一夫当关。但其标准原则、主观性强。陈瑞华先生就曾指出:"由法院决定证人是否出庭作证……剥夺控辩双方的程序选择权……是造成证人出庭困难的主要原因之一"①。因此,为防止裁判异化、分解程序口袋,细化"法院认为"并规范执法尺度势在必行。

首先,对"对案件定罪量刑有重大影响"的把握,应分类利导,价值评判不可或缺。具体而言,证言是否牵涉构成要件事实,关联罪与非罪、此罪彼罪判断;是否涵盖违法阻却责任、阻却事由,牵涉重刑轻刑、刑罚档次升降;是否影响人身危险性评估,涉及初犯可能、再犯可能等累犯、罪数、自首、坦白、立功认定等;对直接决定构成犯罪、构成何种犯罪的,直接影响应受刑罚处罚、刑罚裁量轻重的证人证言,定罪量刑时应重点关注、审慎甄别:证人应当出庭。

其次,对"人民法院认为有必要"出庭的判断,应因案制宜,风险评估必不可少。具体而言,证言能否作为定案依据,证言证据能力与证明力是否存疑,证人一审有无出庭,二审发现的新证据与一审采信证言间是否存在重大矛盾,一审宣判后重要证言是否出现反复。对主要证人证言的关键内容出现反复的;被告人、上诉人及其辩护人对侦查取证提出刑讯逼供、诱供等违法侦查问题的;控辩双方就定罪量刑重大问题申请通知新的证人出庭的;直接或间接涉及案件定罪量刑的证人证言,与在案其他证据存在难以排除的较大矛盾的;直接或间接涉及案件定罪量刑的证人证言,在侦查或审查起诉阶段出现多次反复,证人未能作出合理解释的;影响被告人、上诉人自首、立功等量

---

① 陈瑞华:《非法证据排除规则的中国模式》,载《中国法学》2010年第6期,第6页。

刑情节认定的证人证言内容尚不明确具体，须进一步核实的；辩方提供的可能证明被告人无罪的证人，侦查机关收到申请后未向其取证，开庭前辩方申请该证人出庭，理由正当，并能提供具体联系方式的；一审应当出庭但因正当事由没有出庭，二审或复核审时该正当事由消失的；二审或复核审发现新证据，与一审采信的证人证言有重大矛盾的；一审宣判后重要证人证言出现反复的等，须经庭审消疑解困，开庭势在必行。

（二）风险偏好分类下的避害趋利

1. 风险偏好分类与出庭因材施教

风险偏好是指，为实现经济目标，投资主体在承担风险大小、种类方面的基本态度。[①]据此可将投资者细分成风险厌恶者、风险追求者、风险中立者。其中，风险厌恶者保守求稳，规避风险的渴求高于对收益的期盼，追求"风险＜收益"运营模式；风险追求者激流勇进，尝试风险的欲望大于对收益的希冀，追求"风险＞收益"运营模式；风险中立者随遇而安，在风险、收益抉择中既不回避亦不谋求，追求"风险＝收益"运营模式。

异曲同工。不同案件中证人面临的生存危机与良心挣扎实不相同，证人对出庭风险的预测、防范，程度有别。据此可将关键证人纵深分级。其中，风险厌恶型证人，是指证人对自身、家人人身、财产、名誉等安全稳妥的追求高于对出庭风险的承担。该类证人更在意后出庭时代的生存状况，面对法院通知、强制，往往选择逃避、拒

---

① [美]罗伯特考特、托马斯尤伦:《法和经济学（第五版）》，史晋川、董雪兵等译，格致出版社·上海三联书店·上海人民出版社 2010 年版，第 41 页。

绝、抵抗或消极作证。此时，过于强调义务、责任，一味采取训诫、拘留，可能造成证人与法院对抗，给工作开展造成阻滞。因此，可考虑采取单向玻璃物理隔离、电子影像遮蔽或变声、化名处理等技术保护，打消后顾之忧，说服出庭；也可使用视频远程作证或播放作证录像等替代措施，安抚恐慌情绪，鼓励出庭。

风险追求型证人，是指证人对自身及家人安危的顾及低于对出庭风险的担当。该类证人更看重公民的正义使命与良心责任，珍视参与庭审、说明真相的机会。面对控辩双方申请或人民法院要求，常能力排众议、从容应对。此时，适时强化精神鼓励、积极进行正面宣传，可唤发其心中道义、激发体内正气，为顺序询问夯实群众基础。

风险中立型证人，是指证人对安全因素与出庭风险的考量持平。该类证人心中顾虑重重，摇摆不定。面对应当出庭、强制出庭，可能踌躇不前、人云亦云。此时，加强教育、保障，辅之惩处、约束，并及时疏导、适时制裁，方可排解其压力并增加其信心。

2. 利害倾向归总与司法趋利避害

利害有别、偏好不一，不同证人在风险收益中权衡；倾向归总，趋利避害，各类证人在出庭预期中有所不为。因此，案件分流整合势在必行。现阶段我国，要求所有证人全部出庭是不现实的。[1] 有必要建立关键证人出庭制度。[2] 因此，明确应当出庭案件、收缩必须出庭范围，从而积极化解作证风险，稳妥实现安全收益最大化，是风险追求、风险厌恶、风险中立型证人的共同福祉，

---

[1] 陈卫东：《让证人走向法庭——刑事案件证人出庭作证制度研究》，载《山东警察学院学报》2007年第2期。

[2] 余方晟、叶成国：《庭审中心视野下强制证人出庭作证研究》，载《河北法学》2016年3月第3期，第193页。

证人作证应仅限于有争议的疑难案件。[①]在恰当分析案件种类、证言作用的基础上，刑事审判应当坚持"有限出庭"原则。具体而言，出庭范围可从重大、存疑两个维度予以把握。首先，对危害国家安全犯罪、恐怖活动犯罪、黑社会性质的组织犯罪、毒品犯罪等性质严重的要案，被告可能判处无期徒刑以上刑罚的重案，社会影响或涉案金额巨大的大案以及有涉外因素的难案，关键证人应当出庭。其次，对事实认定不清、证据相互矛盾的真相存疑案，法律规定不清、规则存在冲突的适用存疑案，关键证人应当出庭。而关键证人，可从证言对定罪量刑与事实认定的重要性上，综合界定。凡证言影响罪与非罪、此罪彼罪区分、决定罪数多寡、刑罚轻重裁量，或者证人目睹罪行关键情节、是案件事实仅有知情人的，证人必须出庭。

（三）外部成本内化中的相得益彰

1. 证人拒不出庭与程序外部成本

外部成本，指生产的外部负效应转嫁于第三方的成本。[②]例如工厂向河道倾泻废料导致居民健康受损。此由群体承担的环境代价，即是化工生产的外部成本，其减轻企业责任，增加社会负担，阻滞整体福利提升。证人拒不出庭大幅降低自身安全成本（X_1），但是，法审判却因无法交叉质证，而支出巨大的诉讼外部成本（X_2）。多元程序辗转中，效益与成本相抵、公正被迟延淹没，司法正义的福祉消磨殆尽。

[①] 李寿伟:《证人出庭作证：解决老问题的新方案》，载《中国社会科学学报》2014年4月30日，第2版。

[②] [美]保罗·萨缪尔森:《经济学（第十九版）》，萧琛译，商务印书馆2012年版，第32页。

证人不出庭不利于查明案件事实，不能保障充分有效质证。[①] 证人出庭率低严重影响直接言词原则的贯彻和实施。[②] 目前我国，职权主义向当事人主义过渡、人权保障与法制观念增强，审慎定罪量刑、严防冤假错案已经成为刑事司法恪守的准则。关键证人拒不出庭，将导致案件事实因难以有效质证而无法认定，其结果或由上级法院撤销原判、发回重审，或由检察机关撤回起诉、退回补充侦查，或由侦查机关重新侦查、搜集新的证据……阶段成果付之东流，"裁撤"程序启动成本高昂。

证人无理不到，可经强制出庭；拒绝出庭，可被训诫、拘留。当下法院，身处定纷止争一线，矛盾汇聚、资源有限，多元价值纠结共生，公平效率两难兼顾。重要证人拒不出庭，已导致强制顾虑增加、强制隐患叠生，程序制裁几近虚置；已造成控方补充侦查或变更起诉，辩方申请新证人出庭或重新鉴定，审判期限无限延滞；已引发合议庭定放两难，多次提交专业法官会议讨论或提请审委会决定，司法效率无从保障……补救模式高频激活，"追加"程序运行成本攀升。

2. 外部成本内化与司法卡尔多—希克斯改进[③]

唯有将程序代价纳入证人收益考量，实现外部成本内化，才能敦促证人主动增加安全成本（X_0）、认真履行作证义务。如此，可从鼓励与制裁双向对证人进行引导、鞭策。首先，对业已出庭的，简化补助报销手续，缩短款项领取流程；同时细化发放标准，放宽财务尺

---

① 陈苏豪：《论刑事案件证人出庭作证必要性的司法裁量》，载《黑龙江省政法管理干部学院学报》2015 年第 4 期，第 110 页。

② 刘鎏：《论直接言辞原则下证人出庭难问题》，载《法治与经济》2016 年第 10 期，第 218 页。

③ 是福利经济学资源配置的优良状态。当一方获得与他方受损相抵之后还有剩余，社会总体福利增加，卡尔多—希克斯改进实现。

度，向郊区和经济困难者倾斜；必要时可庭前预支。其次，对排难出庭的，给予充分物质奖励和精神鼓励。再次，对拒不出庭的，通知其承担拘传不到的所有费用，必要时强制执行；同时启动司法黑名单，及时通报相关机构予以信用制裁。如此三管齐下，督促证人出庭、消解程序成本。即使证人安全隐患略增，但司法公正大幅提升、庭审实质化得以实现；两相权衡，审判总体效益提升，司法卡尔多—希克斯改进照进现实。

相较英国以藐视法庭罪论处、美国向签发传票的法院起诉，我国香港经简易程序治罪外还有中国内地应对"出庭难"问题，措施相对舒缓。但殊途同归。不同司法理念下的重磅出击，均是督促证人纳入收益成本、全面考量得失、从而实现外部成本内化的良策。

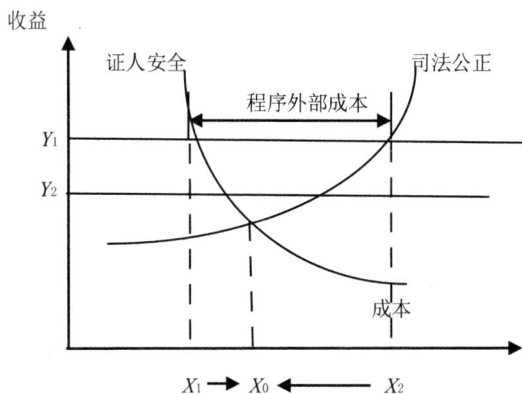

司法中的成本收益变化图

出庭难问题最终化解，是一项复杂的系统工程。大言之，牵涉职权主义诉讼模式的改造，如何减少法官对程序的绝对控制、降低法检对"案卷中心主义"的依赖；小言之，涉及交叉询问规则的确立，如何尊重证人人格、取得证人信赖、实现出庭效果；前言之，关联证言豁免制度与普通规定的衔接，如何界定公务及业务秘密范围、怎样充实污点证人责任义务内涵；后言之，关系证人强制到庭后消极作证的应对、虚假作证的甄辨、对峙局面的控制，如何防止证人扰乱庭审，怎样把控法庭质证节奏。本文仅是从证人视角切进，将问题聚焦于有限出庭下关键证人的内涵界定与必须出庭中不同证人的心理调适，进而借鉴法经济学理论予以细化、充实与剖析、引导。出庭构想的全面落实尚需更深入研究与不断努力。

毒品犯罪事实认定的逻辑模块构建

——以《刑事审判参考》108 则案例为样本

　　毒品犯罪一直是刑法打击的重点，定罪规则也日益完备。但是在事实认定上，证据种类相对单一、证实内容尚待补强、证辩基础比较薄弱、证明锁链难以闭合。要件事实更多依靠内心判断与经验认知。怀疑排除和确信形成既无系统言表，更无缜密推导。小野清一郎先生曾说，刑事诉讼的中心在于事实认定，若此流于恣意，审判正义便从根底崩溃。[1] 应当以形式逻辑规范思维，以推理范式引领思绪，建构符合毒品犯罪特点的裁判模块。为强化规制提炼经验，明确证实有罪，可搭建审查、判断、释明、检视的四维耦合框架；为遵循常理顺应常情、逐层证否无罪，可形成去伪存真的三重递进结构。本文以108 则案例[2] 为样本，在整合审判思路中探索事实认定进路。

---

① 黄东熊：《刑事诉讼法研究》，三民书局 1981 年版，第 302 页。

② 《刑事审判参考》第 1 辑至第 103 辑所载全部毒品犯罪案例，涵括各种疑难问题的探讨与阐释，具有很强理论价值和实务指导性。

一、证明不力窘境下的实务认知困惑

毒品犯罪动机稳定、目的鲜明，事先预谋且扫尾除患。一旦被抓，既无目击者指证，又推脱狡辩。因此证据碎片化严重，事实认定易陷僵局。

（一）样本情况汇总分析

1. 横向比较

事实认定是审判基石，个中问题已占据理论与实证研究半壁江山。《刑事审判参考》第 1 辑至第 103 辑共发布涉毒案例 108 则。其中，主要阐明法律适用的 49 则，占比 45.37%；主要诠释事实认定的 59 则，占比 54.63%。又有涉及定罪事实的 37 则（34.26%），量刑事实的 29 则（26.85%），上下级法院对事实有争议的 11 则（10.19%），控辩双方有异议的 41 则（37.96%）。

毒品案例情况汇总

内涵 ╲ 外延		案件数量	所占比例
涉及法律适用		49	45.37%
涉及事实认定	定罪事实 ①	37	34.26%
	量刑事实	29	26.85%
	上下级法院有争议	11	10.19%
	控辩双方有异议	41	37.96%

---

① 因有的案件同时涉及定罪与量刑事实，有的事实同时影响定罪与量刑，因此"涉及事实认定"分类下的案例可能互有重叠。

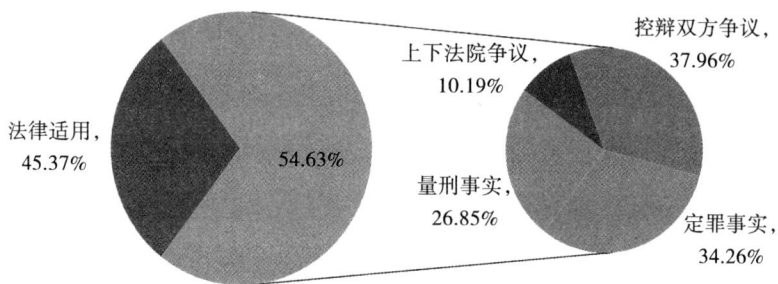

108 则案例分布情况

控辩双方争议，37.96%

上下法院争议，10.19%

法律适用，45.37%

54.63%

量刑事实，26.85%

定罪事实，34.26%

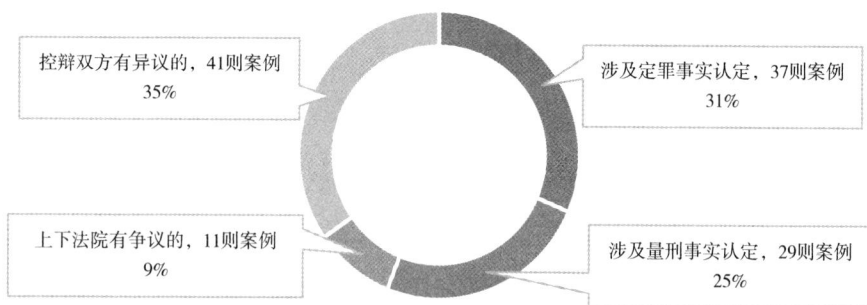

控辩双方有异议的，41则案例 35%

涉及定罪事实认定，37则案例 31%

上下法院有争议的，11则案例 9%

涉及量刑事实认定，29则案例 25%

事实认定的 108 则案例分布情况

毒品犯罪再犯累犯比例偏高，且分工明确手段隐蔽，反侦查能力相对较强。认知困惑与定罪质疑始终突出。新时代时期，禁毒工作是党和国家高度重视的人民战争，毒品审判事实公正不仅关系司法权威，更加关乎民众福祉。

2. 纵向比对

事实认定也是常新话题。涉及的 59 则案例中，以最高一级法院裁判日期计，1995 年 1 月至 1999 年 12 月，5 则；2000 年 1 月至 2004 年 12 月，9 则；2005 年 1 月至 2009 年 12 月，22 则；2010 年 1 月至今，23 则：阶段增幅 120%。

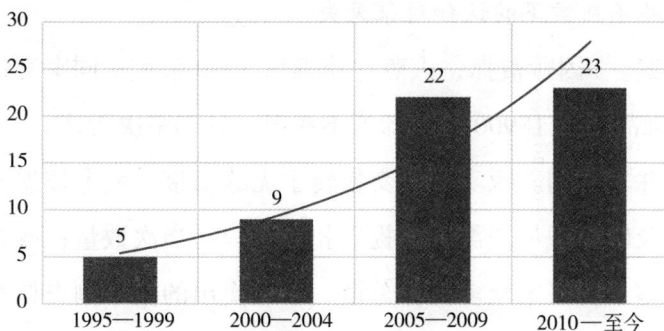

毒品犯罪中 59 则事实认定案例历年分布情况

随着毒品犯罪日益增多，间接证据数量不足、直接证据质量不高更加凸显。当前，中国特色的毒品治理之路日渐形成，毒品裁判基础正义不仅关系个案公信，更加关乎大局稳定。

（二）疑难问题分类剖析

1. 人货似分离中的认知线索短缺

巴某案。[①]皮箱夹层带毒，巴与共犯或称被人调换，或称朋友托管，均供与己无关。对"货"的占有和所有貌似分离，外在携带者与真正持有人可能不同。

本案绝非偶然。走私毒品方式隐秘、伪装精良。有的悉心包装偷梁换柱，一旦被查，以正常购进、不知夹带推脱塞责；有的改变性状混淆视听，倘使案发，以路旁拾取、无从辨识推诿抵赖；有的深藏体内避人耳目，如若未遂，以遭人暗算、昏迷强灌推卸狡辩……面对审讯被告借口翻新，却常围绕不知、不识、不愿深度发酵。证实"主观明知与积极追求"线索短缺，怎样剖析行为性质成为疑点。

---

① 《刑事审判参考》第 96 辑第 ××× 号巴拉姆、木尔塔扎走私毒品案，法律出版社 2014 年版，第 105-110 页。

2. 毒品不在案下的认知对象灭失

李某案。[①]因贩被抓，人赃并获毒品 5000 余克。同案交代其还曾 4 次贩卖毒品累计 18900 克，却皆不在案，且李坚决否认。

本案并非个别。贩卖毒品交接转手无缝衔接。或者按需购进不存积货，并及时变现尽快漂白，提取扣押的只是当次数量；或者分包发售化整为零，且买家众多群体分散，已经卖出的很难倒查核实；或者非常处置紧急脱身，又分批掩埋全部倾倒，现场查获的仅供个人吸食……面对不足量的毒品，被告常以未累积实施为由反驳指控。证实"多次行为与连续犯意"对象灭失，如何认定贩卖数额成为难点。

3. 上下家隐身时的认知链条断裂

王某案。[②]车变速箱挡板下藏毒。案犯既不供述毒品来源与上家情况，亦不交代毒品去向及下家信息；又独自驾驶独立往来。

本案亦非特例。运输毒品承上启下、情况复杂。可能为自购自运，构成贩卖毒品罪；可能受托自进自提，构成非法持有毒品罪；可能受雇专业营运，构成运输毒品罪；可能制造又全程包干，构成制造毒品罪；可能不知确被蒙骗，不构成犯罪。面对他人未到案，被告多避重就轻。证实"真实意图"链条断裂，怎样判断主观犯意成为重点。

4. 全程零口供内的认知基础薄弱

周某案。[③]周检举犯罪否认参与，从侦到审全程不供。而同案指认受其指使。

---

① 《刑事审判参考》第 67 辑第 ××× 号李某、王某贩卖、运输毒品案，法律出版社 2009 年版，第 153-160 页。

② 《刑事审判参考》第 86 辑第 ××× 号王某运输毒品案，法律出版社 2013 年版，第 65-69 页。

③ 《刑事审判参考》第 101 辑第 ×××× 号刘某、周某制造毒品案，法律出版社 2015 年版，第 121-126 页。

本案已非少数。制造毒品的各种关系盘根错节、自始至终战线绵长。有些租赁房屋招募人员，却辩称替人办事、一无所知；有些购买设备批发原料，常解释为签署合同、正当经营；有些疏通关系存储待售，总供述互相帮忙，未参与额外事项……面对刑民交错，被告往往由拒供开始，误导削弱证明。证实"制毒故意与行为"基础薄弱，如何串联各个环节成为焦点。

二、逻辑推演求证内的认知症结探究

手机通话记录佐证特定人物关系，银行交易明细证实大额资金走向，日常往来账目印证原料设备购进，交通票证、住宿清单证明行为时间地点。但要件事实尚存疑问。实践中经推理形成链条才可获得事实。[①] 逻辑推演求证，挖掘证据内涵并搭建合理联系，能在认知链条梳理中找准症结、探明原委。

（一）证明规则缺失与模态推理 [②]

对犯罪数量的模糊认知，看似来自物证欠缺、人证单薄，进而导致孤证不立。但本质上，更是审判思维习惯直接推导、侧重显性证据，而忽视间接推导与复杂论证的结果。证明规则缺失难以回避。

李某案。贩毒数额存疑，可从可能命题入手，层层凿实。

---

① [美]特伦斯·安德森、戴维·舒姆，[英]威廉·特文宁：《证据分析》，张保生、朱婷、张月波等译，中国人民大学出版社 2012 年版，第 108 页。

② 模态推理是陈述事物情况必然或可能性的推理，分为必然肯定、必然否定、可能肯定、可能否定推理。存在上反对、下反对、矛盾、从属四种关系。李世繁：《形式逻辑新编》，北京大学出版社 1983 年版，第 185 页。

　　首先正向研判。其一，赵某证实李与毒贩"小杨"商谈进货。而王某等供述李多次安排向"小杨"购毒。二者上下衔接，推知李"可能多次贩卖"是真。其二，可能P与必然非P构成矛盾关系，前者为真后者定假。由"可能多次贩卖"真，推知"必然多次未贩"是假。其三，通话清单显示李与同案频繁联络；同案供述李多次指示购买运输。二者相互印证，加之李因贩毒被抓，推知"可能多次未贩"是假。其四，可能非P与必然P构成矛盾关系，前者为假后者定真，由"可能多次未贩"假，推知"必然多次贩卖"是真。

　　其次反向验证。第一，必然P与可能P、可能非P与必然非P均属从属关系，前者为真后者定真，后者为假前者亦假。上述"必然多次贩卖"与"可能多次贩卖"同真、"可能多次未贩"与"必然多次未贩"共假，符合逻辑原则。第二，必然P与必然非P是上反对关系，之一为真则另一必假；可能P与可能非P是下反对关系，之一为假则另一必真。上述"必然多次贩卖"为真与"必然多次未贩"是假、"可能多次贩卖"为真与"可能多次未贩"是假，没有逻辑冲突。

　　综上认定李有5次贩卖事实。

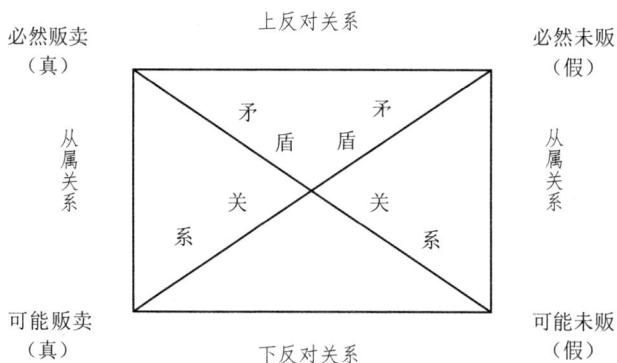

证明规划缺失下的贩毒模态推理

（二）证明进路褊狭与归纳演绎推理

对主观犯意的空洞认知，既是因为客观证据不足、行为链条破损，更源于证明结构相对单一、证明视角比较窄小。事实认定侧重单个证据"三性"，尤其是真实性审查，却对归纳证据群组、整合各类信息、综合判断事实的逻辑推演模式研究不足。证明进路褊狭不能绕过。

1.关于主观明知的归纳推理

王某案。运输故意存疑，可从客观细节切入，渐进归纳。首先，长途跋涉却独自驾驶。可能性情孤僻，也许精力充沛，或者喜好自驾，也或避人耳目。其次，不走高速又绕关避卡。可能偏爱清净，也许节约花销，或者避讳禁忌。两相归并，王刻意躲开监控，似乎有所藏匿。再次，安检时神情慌张，可能想起何事，也许看到何人，或者心有所忧。然后，被抓后号啕大哭，可能受到刺激，也许释放压力，或者深深后悔，也或颇感遗憾。又相整合，王因心虚恐慌，确实有所藏匿。最后，麻古味香刺鼻，王明知却否认。加上，账户汇进大额资金，毒品内膜有其指纹。再相合并，王明知运输的为毒品而故意运输。

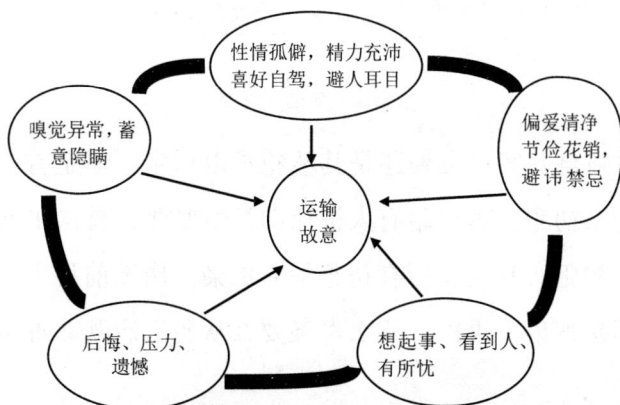

贩毒运输故意的归纳推理

2. 关于主观恶性的演绎推理

唐某案。[①] 运毒数额较大是否适用死刑，行为性质、主观恶性直接影响刑罚裁量。如何经客观细节深入推导要件事实，三段论以严密形式确保裁判无误。其一，途中被抓，贩卖还是运输无从认定。但是首先，凡留有痕迹的都属真实发生。唐供受"杜"之邀到达绍兴，入住越州国际酒店、何桥东芝宾馆，期间"杜"让其运毒。而越、何两处确有住宿记录。故唐确实远赴绍兴。其次，凡高额酬劳都可诱发犯罪。唐供"杜"承诺付其1000元辛苦费。而20世纪90年代，千元实属高额。故唐可能因受雇犯罪。同时，凡经营运作都会来往频繁。而唐上午到达当晚便离开，前后无通话周旋。故唐并未购毒牟利。虽"杜"无从查实，但唐贩毒已存怀疑，遵循"存疑有利于被告"原则，应认定唐有珍运输毒品。

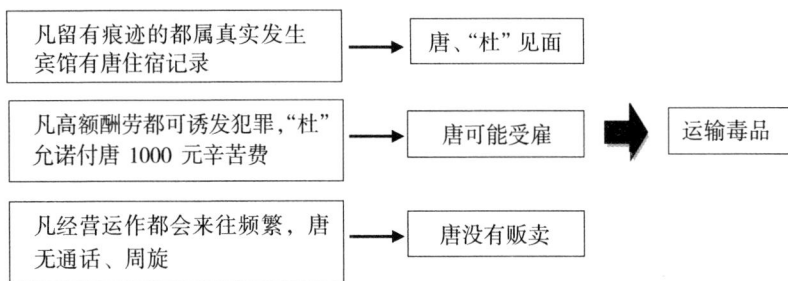

运输毒品的演义推理

其二，独自归案，毒枭还是其丛犯难以认定。但是首先，遇事慌乱的一般均系初犯。唐目睹有人被抓即神情紧张，首次讯问便全部交代，因此是初犯。其次，所有初犯都非毒枭。唐无前科劣迹、历史清白，因此不是毒枭。再次，要么毒枭要么从犯。唐既非毒枭，就应是

---

① 《刑事审判参考》第2辑第××号唐某输毒品案，法律出版社1999年版，第26-31页。

从犯。被判死刑，缓期二年执行。

（三）证明标准含混与似真推理[①]

对因果关系的偏差认知，不仅受限自制造毒品面广人多、节点琐碎，更受制于事实裁量要求不明、证明标准刻度模糊。具体而言，什么情况成立"条件"、什么限度构成"前提"、什么基础认定"原因"，均无明确规定。证明标准含混不容忽视。

1. 执果索因之求同法

周某案。周举报刘某制毒，而刘供均由周策划。求同法，指在某现象出现的不同场合，若除一点外其余均同，则此相同点是现象原因。可从各段后果切进，逐步排异求同。

首先租厂房。于某、马某证实，周经于介绍租马宅院，并支付租金。其次购车辆。方某证实并有车辆转让协议佐证，周多次与方联系且出资买车。再次进原料。宋某证实并有购货清单、收条佐证，周亲自验货又交款提取。然后招人员。于波证实，周与其见面后许诺工资。最后存成品。记账纸片、提取笔录、扣押物品清单及周母证言均证实，周悉数收毒并藏匿待售。

综上，周某深度参与、有机串联犯罪各环节；虽阶段有别，但周始终在线、不可或缺。如果无周，冰毒制造，上无原料中无人员下无渠道，近不能生产远不可销售；根本无从着手，更勿论数量较大。制毒事实确凿。

---

① 似真推理是从结果推导原因的一种反向思维模式，为已知结论寻找最佳解释。

A B C	a	周支付租金	租用场所
A D E	a	周联系出资	购买车辆
A F G	a	周验货付款	购进原料
……		周许诺工资	雇佣人员
……		周安排出售	存储成品
A 是 a 原因		周是制毒主因	

2. 由果至因之求异法

凌某案[①]。共同制毒数量巨大，区分主从关涉生死。但凌与刘某均系主犯，须区分谁起更主要的作用。求异法，指在某现象出现与不出现的场合，若除一点外其余均同，则此不同点是现象原因。可从既有结果切进，逐层排同析异。

首先，从地位上看，刘强凌弱：刘先入行，有车有房持毒待售；凌后加入，无车租房为人送货。其次，阅历上，刘多凌少：刘再犯累犯，反侦查经验丰富；凌白手起家，须依指令听安排。因此，有刘与凌共同制毒，能联系原料、寻找配方、疏通销售、控制手下人，数额可达巨大；无刘，如由凌单独着手，虽精心谋划积极实施，但立威不足、人手不够，又资源欠缺渠道不畅，确实难以成功。

综上，其他大同小异，刘在与否天壤之别。刘是更重要的主犯。

ABC	a	刘 + 凌 + 从犯	制毒成功
—BC	—	凌 + 从犯	制毒失败
A 是 a 原因		刘作用突出	

---

① 《刑事审判参考》第 87 辑第 ××× 号凌万春、刘光普制造毒品案，法律出版社 2013 年版，第 74-79 页。

（四）证明种类单一与复合推理 [1]

对细节事实的不能认知，不可排除证据因素，但更与证明方式息息相关。面对繁杂的贩卖样态，传统审判固守"相互印证"模式，在适用证据推进证明上缺少变更与创新。证明种类单一不可忽视。

1. 对行为的复合论证

李某案。[2] 最终被最高法院发回重审。李是否受雇贩卖，事实判断扭转生死。

首先，假言推理证否毒品所有人。假言推理是陈述某一情况为另一情况条件的推理，当只有 p 才 q 时，前件 p 是后件 q 的必要条件。否定前件则否定后件。本案，只有具备经济实力才能拥有大宗毒品。而李年仅 19 且无职业，家境平平又无背景，没有大量购毒的经济实力。因此李无大宗毒品，并非毒品所有人。

前件　后件　　　前　　　后

$$q \leftarrow p \qquad 有实力 \leftarrow 有毒品$$

（逆否）非 q →非 p 　　　没有实力→没有毒品

其次，选言推理证实贩毒受雇者。不相容选言推理是若干情况中仅一种存在的推理，如其一为假，剩余须有一真。李因贩被抓，要么自有，要么受雇。而己非毒品所有人，则必是贩卖受雇者。

---

① 复合推理是由简单命题经联结词组合而成的逻辑推理。分为联言、假言、选言与负判断推理。

② 《刑事审判参考》第 89 辑第 ×××号李某贩卖毒品案，法律出版社 2013 年版，第 77-83 页。

2. 对明知的条件推理

胡某案。[1] 胡被抓时人货分离、矢口否认。仅民警马某证名，看其边跑边扔，听见唰唰与啪声；又在归途发现散落的塑料盒、1.2 米处药片、2 米处纸盒。是否运输，逻辑推理强化确信。

首先，肯定推理佐证"看到"。案发凌晨，马胡相距 6 米。试验表明光亮足够时视线可达 6 米（光亮足够看到）。而当时楼房灯火通明，故马确能看到。

其次，否定推理排除怀疑。从马停止追击到返途发现药、盒，需时 3 分。期间有无他人作案。其一，塑料盒、纸盒、药片依次散开，系用力抛甩形成，与胡边跑边扔及唰唰与啪声相互印证。其二，抛甩脱身适用非常状况，逆否命题是：安然无事不会节外生枝。而 4 名路人未遇盘查，即使携毒也不会公开丢弃。毒品应为胡持有。

$$p \to q \qquad 用力丢弃 \to 怕被发现 \to 有人注意$$
$$（逆否）非 p \leftarrow 非 q \qquad 不会丢弃 \leftarrow 不怕发现 \leftarrow 没人注意$$

三、事实认定进程中的审查判断规则

毒品审判常关乎生死，事实认定更加举足轻重。如何从原初事实提取证据事实、形成认知事实，最终构建裁判事实。应总结审查思路、建构审判模块；进而提炼可复制经验，将内心确信以逻辑范式呈现。

---

[1] 《刑事审判参考》第 67 辑第 ××× 号胡某运输毒品案，法律出版社 2009 年版，第 147-153 页。

（一）搭建证据链的四维耦合框架

著名科学家波利亚历经 30 年求索，提出审题、计划、执行、检视的数学解题四步法[①]，从而化隐为显深入浅出，为所有难题破解提供共通进路。事实认定依据证据还原真相，也是求解未知的攻坚历程。可由此构建以审查作基，以判断、释明、检视为翼的耦合框架。

1. 审查萃取夯实认定根基

审查是归纳认定难点，并审核排列证据。

第一，预判毒品个罪。即通过指控事实形成初步印象，经由"法感"、经验判断犯罪类型。夏某案[②]。夏提供原料、传授技术、参与制毒 320 余克，可能涉嫌制造毒品罪。朱某案[③]。朱携带毒品来杭交易，可能构成贩卖毒品罪。

第二，确立认定重心。即根据构成要件、凭借已有经验，明确本罪证明重点及本案认定难点。夏归案时人货分离，且拒不承认。而制造毒品，职业犯罪特点突出，精心策划隐蔽性强；环节众多且链条松散，人员复杂又临时纠集。"幕后老板"常间接操纵暗中掌控。因此，证实行为承上启下、犯意一以贯之，至关重要。朱被抓前交易完成，又推诿抵赖。而贩卖毒品，反侦查技术娴熟，交货付款手段隐秘，难于抓至现形人赃并获。又常用暗语行话联系，以绰号单线买卖。因此，证实知毒而运且有贩卖目的，是当务之急。

---

① ［美］G. 波利亚著《怎样解题：数学思维新方法》，涂泓等译，上海科技教育出版社 2011 年版，第 80 页。

②《刑事审判参考》第 83 辑第 ××× 号夏某制造毒品案，法律出版社 2012 年版，第 63-72 页。

③《刑事审判参考》第 101 辑第 ×××× 号朱某贩卖、运输毒品案，法律出版社 2015 年版，第 127-133 页。

第三，梳理在案证据。即围绕认定重心，分层审阅卷宗、渐进整合证据。首先，归纳内容组成"证据群"。对内涵重合指向同一、能相互印证的，可并为一行，以量强化证明。如指证朱贩毒的多份证言。对实质呼应首尾衔接、能上下融贯的，可合为一纵，以质排除怀疑。如夏承认是"凯哥"的供述与"凯哥"系幕后老板的证言。其次，整合形式形成"证据环"。间接证据可佐证直接证据、传闻证据或强化原始证据、次要证据常补强主要证据、实物证据能核实言词证据。据此灵活运用多种形式，以锁定事实闭合成环。如聊天记录、通话清单确证傅勇关于朱通知其接货运毒的证言。再次，甄别性质构成"证据列"。将入罪、罪重等控诉证据，与出罪、罪轻等辩护证据分别归总、分开罗列，以全面考量、相互制衡。

2. 判断整合搭建认定链条

判断是搭建证据链，并选择推导模式。

第一，建立证据方阵。个案情况不同，事实认定应因案制宜。或以制造时间排列横纵，或以运输空间组合群组，或以侦查顺序布置环列，或以要件分布安排先后，由此组成方阵。周某案：可先依制毒进程将节点分作五步，以发生顺序环环论证；再按出罪入罪把证据列为两组，用证实证伪逐层研判。进而多维度、双向度证实犯罪。

第二，植入逻辑规则。理性常常欺骗我们，必须在其翅膀上系以重物防止飞跃。[1]为科学追溯事实、缜密还原真相，必须顺势利导，为推理引入正确规则。刘某案[2]。案件来源、抓获经过、鉴定意见、称量笔录等，证实刘向特情贩毒。但若认为"特情引诱不适用死刑，刘

---

[1]［美］佛朗西斯·培根:《培根随笔》，王勋译，清华大学出版社 2013 年版，第 11 页。

[2]《刑事审判参考》第 24 辑第 ×××号刘某等贩卖、运输毒品案，法律出版社 2002 年版，第 92-97 页。

被特情引诱，故刘不应处死"，则将特情引诱等同特情介入，而背离"三段论仅有三个概念"准则，触犯"四概念"错误。

证明体系应如此构建：同案口供、证人证言、聊天记录证明刘主动约售，具备贩毒故意、没有犯意引诱；交通记录、住宿记录、通话记录证明刘自行贩卖，未受特情控制、没有数量引诱；其他证据证明刘广东进货京津销售，自主联络、没有双套引诱。而特情引诱要么犯意引诱，要么数量引诱，要么双套引诱，刘既非此又无彼。否定所有选言支即否定选言命题本身，因此本案仅是"介入"，对刘可处死刑。

第三，推导要件事实。事实可从被证据确认的另一组事实中合理推出。[①] 证明之路行百里者半九十，分散的证据事实唯经逻辑整合继而推导行为、犯意等要件事实，定罪量刑的骨骼框架才渐趋清晰。

第四，归纳认知事实。当构成要件均已证实、合理怀疑皆能证否，便可提取法律事实、形成司法认知。

3. 释明说理证实认定对象

释明是有序串联证明板块，同时逐层展现心证历程。判决的形成是对社会说理。[②] 走私、贩卖、运输、制造各具特点，事实认定各有疑难。证据释明应当围绕难点、突出特点形成范式，并以"个案 + 类罪"模式展开。

如黄某案。[③] 黄等昼伏夜出，以改装铁船入柬驳接大麻，用自制木船接货转运，后被海警截获。

首先，根据犯罪构成解析构成要件、依据要件事实提取证据事

---

① ［美］罗纳德·J.艾伦等：《证据法：文本、问题和案例》，张保生、王进喜译，高等教育出版社 2006 年版，第 79 页。
② 杨猛宗、张景玥：《溯因推理新论》，载《政法论丛》2013 年第 5 期，第 87 页。
③ 《刑事审判参考》第 2 辑第 ×× 号黄某等走私毒品案，法律出版社 1999 年版，第 19–25 页。

实。本案重点是对客观方面及客体的证明，应围绕"毒品"与"走私"组织证据。

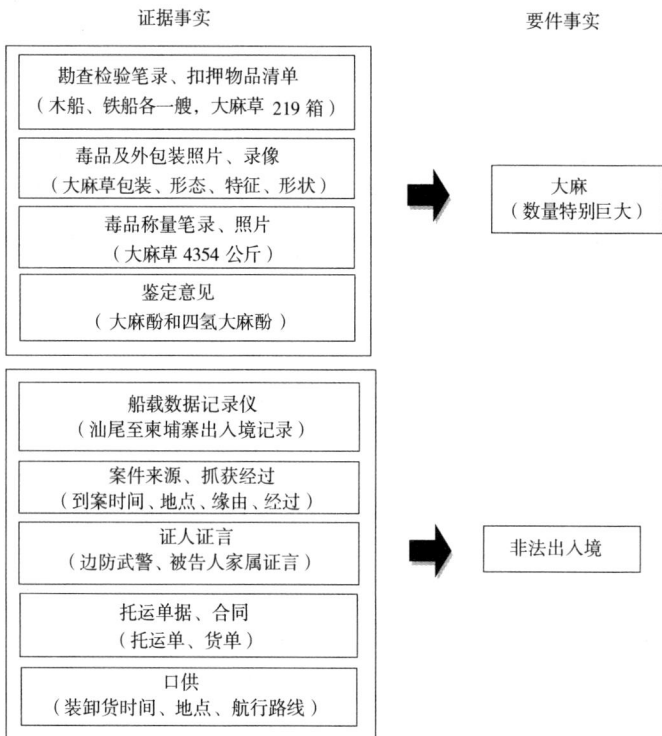

证据事实   要件事实

勘查检验笔录、扣押物品清单 （木船、铁船各一艘，大麻草 219 箱）
毒品及外包装照片、录像 （大麻草包装、形态、特征、形状）
毒品称量笔录、照片 （大麻草 4354 公斤）
鉴定意见 （大麻酚和四氢大麻酚）

➡ 大麻（数量特别巨大）

船载数据记录仪 （汕尾至柬埔寨出入境记录）
案件来源、抓获经过 （到案时间、地点、缘由、经过）
证人证言 （边防武警、被告人家属证言）
托运单据、合同 （托运单、货单）
口供 （装卸货时间、地点、航行路线）

➡ 非法出入境

证据事实与要件事实

其次，根据具体情节诠释量刑规则，依据量刑要素提取证据事实。本案着重甄别地位作用。

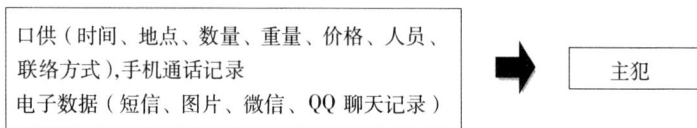

口供（时间、地点、数量、重量、价格、人员、联络方式），手机通话记录 电子数据（短信、图片、微信、QQ 聊天记录）

➡ 主犯

情节证据与主犯

再次，整合要件事实，形成认知事实。

要件事实　　　　　　　认知事实

非法出入境

大麻
（数量特别巨大）

➡ 走私毒品

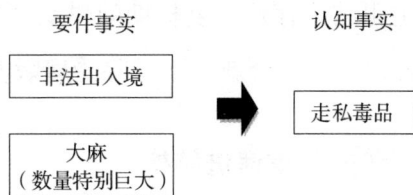

要件事实与认知事实

从次，联结认知事实，构建裁判事实。

认知事实　　　　　　　裁判事实

走私毒品

主犯

➡ 走私毒品数额特别巨大，起组织
策划指挥作用，是主犯

认知事实与裁判事实

又如张某案。[1] 张家搜毒 62 包共 300 余克。不吸食却曾贩卖，辩称仅持有未牟利。

本案重点是对主观犯意、行为性质的证明，应重点围绕"明知"与"牟利"组织证据。首先，从原初事实提取证据事实。着重关注曾经贩卖情况、扣押毒品状态、被抓原因及经济状况、生活嗜好。其次，由证据事实归纳要件事实。以表明曾贩毒时间、地点、数量等口供、证人证言，支持欲贩毒 13.5 克的证人证言，说明贩卖时被抓的案件来源、抓获经过，结合经验证实贩卖故意。以搜缴粉末，勘检笔录，扣押清单、照片，确为毒品的鉴定意见，不吸毒口供与尿检，经过推理证实其贩卖行为。最后，综合要件事实形成司法认知。

4. 检视查验深挖认定线索

检视是查验证据有无遗漏新增，推理是否合理合规，结论能否形

---

[1]《刑事审判参考》第 16 辑第 ××× 号张某贩卖毒品案，法律出版社 2001 年版，第 37-41 页。

成确信。李某案。主犯结论存疑。复核期间供受"农"指使，并交代联络方式、进行混合辨认。综合新证不排除受雇贩卖，故发回重审。

（二）闭合证据链的三重递进结构

莱奥·罗森贝克说，刑事诉讼宁错放数个有罪人，也不可冤枉一名无辜者。[①]事实认定必须排除合理怀疑。建构递进模块能够层层闭合证明锁链，最终坚定有罪确信。

遵循同一律，摒弃混同判断。

同一律指在同一意义上作出判断，不可混淆不同概念。审判中，从同一方面对同一对象作出的认定应当保持同一。同一律信守本质稳定，以"一致性"确定判断基色。

欧阳某案。[②]贩卖与否存在两处怀疑。其一现金性质。琦某称系毒资，欧阳辩称是还款。而欧阳若想撇清干系，完全可以否认收取，却始终"肯定"供述。行为应当前后同一，认罪服法与误导侦查无法两全。结合其他可消释"毒资"嫌疑。其二持毒意向。贩卖须具成本意识，欧阳却为微量冰毒通话 20 余次；交易应有利润观念，却回绝琦云大宗要约。举止应当内外一致，综合全案能排除"贩卖"可能。

2. 恪守矛盾律，排斥冲突思维

矛盾律指事物有或没有某属性，判断不可既肯定又否定。推理时，相互矛盾的观点不能同真，须有一假。矛盾律力求裁判昭彰，以"明确性"把握思维准则。

巴某案。巴称皮箱为朋友代管，又被中途调换。出罪怀疑能否成

[①] [德] 莱奥·罗森贝克：《证明责任论》，庄敬华译，中国法制出版社 2002 年版，第 97 页。

[②] 《刑事审判参考》第 102 辑第 ×××× 号欧阳某非法持有毒品案，法律出版社 2016 年版，第 92-96 页。

立。首先，巴供系他人所有、从未拿进酒店；同案却交代是巴亲自购买、一直放在身边。内容矛盾必有一假，而监控显示该箱存置巴处 12 小时。故后者为真，"代管"是假。其次，巴称如厕失察致皮箱调换；同案却交代全程平安。而二人既未腰缠万贯又无免检身份，且结伴同行，调包一说既无必要又不可能。故后者为真，"调换"是假。

3. 秉承充足理由率，消弭含混认知

充足理由率指任何判断都须有充足的理由。评判时，科学鉴别应植根翔实推理，明确依据须来源于充分论证。充足理由律强化相得益彰，以"整体性"形成认知确信。

谢某案。[1]被告否认运毒，称当时未查出，次日才缴获，是公安栽赃。首先，情况说明、搜查笔录、照片、现场制图证明，拦截时天色已晚，海洛因又搁放在驾驶室置物架上，位置隐秘。解释合理又有司机证言佐证，毒品应早就在车上。其次，银行交易记录、汇款单据、证人证言、口供证明，谢多次以借款为名支付高额运费。长期行为反常，贩卖已初现端倪。再次，通话清单证明，入滇后从犯与谢凌晨时分即联络活跃，与有罪供述相互印证。同时，谢及妻子均无职业，收入来源高度可疑。综上，真相终于浮出水面。

主观感受与认知难以完全量化，排除合理怀疑的限度、获得内心确信的程度常常因人而异、因案制宜。大数据时代，信息检索整合数字资源，技术画像勾勒目标真相，毒品审判需要借助云计算实现可复制经验精准化。建构事实认定模块尚应融汇数理统计、评判抽样误差，在拓展物证根基、总结类罪规律中持续完善提高。同时，信息技

---

① 《刑事审判参考》第 72 辑第 ××× 号谢某等贩卖、运输毒品案，法律出版社 2010 年版，第 59—65 页。

术催生网络犯罪，传统手段借"互联网＋"异化，幕后行为、隐蔽数量必须在电子数据审查中拼接、还原。建立证据裁判范式还要掌握信息技术、整合底层数据流，在研判线上书证、提取虚拟事实上不断打磨精进。

驳与证的逻辑推演：辩护意见回应之说理范式研究

——以 88 份优秀刑事裁判文书为样本

随着律师辩护全覆盖工作纵深推进，刑事案件法律服务扩容提质。但与此同时，视角多元、风格多样、立场内容多极的辩护意见（以下简称意见）纷至沓来。如何在有力回应中彰显司法的公平正义，时代对文书释法提出了更高要求。研究裁判理由的逻辑进路，并据此形成说理范式，能强化反驳论证自觉性，对于引导理性思考、提升审判质效具有理论价值与实践意义。

一、现象检视：辩护意见蕴藏的实务风险

意见对保障人权、公正司法发挥重要作用，但也常存在认知盲点和思维误区。若剖析不准、辨识不清以致未予回应或回应不当，可能导致"小案件"发酵成"大事件"，从而引发舆情风险。

（一）辩护观点与类型化思维谬误

本文撷取的 88 份文书样本，或源自《最高人民法院公报》[①]、《刑事审判参考》[②]，或入选优秀裁判范例[③]，或承载重大社会关切，均具典型权威性。其中辩点共 262 处，"本院"支持 21 处、反驳 241 处；中有歧义性谬误[④]54 处、占比 22.4%，相关性谬误[⑤]100 处、占比 41.5%，证据不足型谬误[⑥]87 处、占比 36.1%。

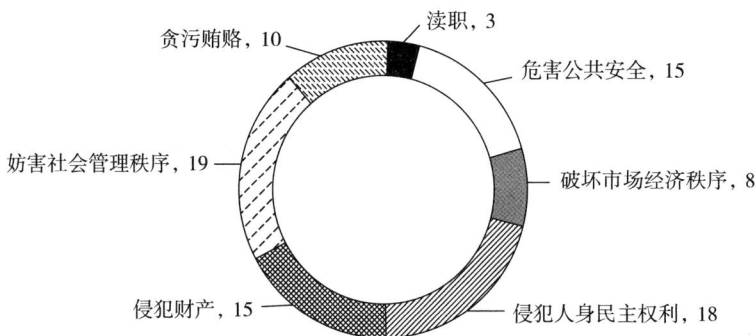

样本罪名分布（单位：份）

---

①《最高人民法院公报》第 74 期至第 266 期，涉刑事案例 25 个。

②《刑事审判参考》第 3 辑至第 112 辑，裁判文书选登 23 份。

③ 最高人民法院第 3 号至第 112 号指导性案例，涉刑事案例 17 个；杨万明、马岩编《示范性刑事裁判文书评析》，人民法院出版社 2018 年版，涉刑事案例 18 个。

④ 因语言歧义导致无效推理。

⑤ 因论点、论据不相关导致虚假推理。

⑥ 因论点缺乏充足理由支持导致片面推理。

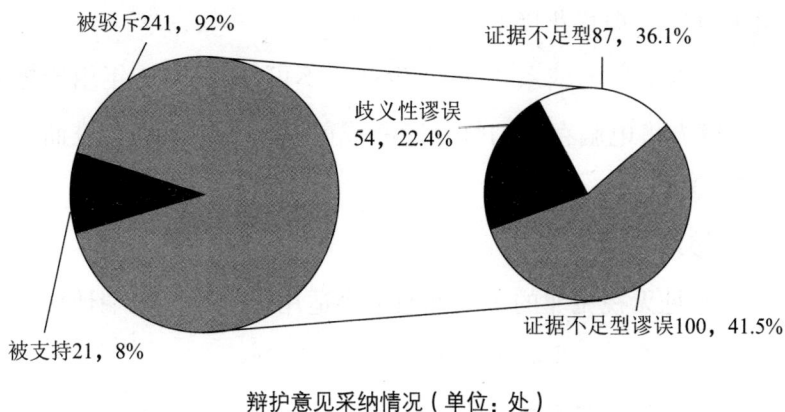

被驳斥241，92%

证据不足型87，36.1%

歧义性谬误
54，22.4%

被支持21，8%

证据不足型谬误100，41.5%

辩护意见采纳情况（单位：处）

1. 歧义性谬误

（1）歪曲原意 [1]

一些意见曲解控方论据、刊改指控论点，进而虚树标靶、自说自话。

主要表现为：

①对要件含义以偏概全。

例1：薄某因支持地方经济帮助实德集团，并非为唐某谋利，不构成受贿罪 [2]。辩方将受贿罪的客观要件"谋取利益"片面解读成谋取个人利益，继而以没有私人互惠反驳指控。

②对法条内容断章取义。

例2：胡某暴力程度不强，无需强制医疗。[3]辩方脱离"精神病人"这一强制医疗程序启动的法律语境，将"继续危害社会"的认定标准孤立聚焦于行为，因而认为否认暴力程度即否定强制必要。

---

[1] 将原论题A伪冒成B，并对不存在的论题B展开批驳。

[2] 参见山东省济南市中级人民法院（2013）济刑二初字第 × 号刑事判决。

[3] 参见广东省东莞市第一人民法院（2013）东一法刑初字第 ××× 号刑事判决。

③对在案证据移花接木。

例 3：该苹果电脑系 2005 年生产，不可能在 2002 年用于播放幻灯片。[①]辩方将电脑存储幻灯片臆断成前者播放了后者，进而以于理不符对抗控诉。

（2）极端思考[②]

某些意见无视犯罪的多样性而错误适用排中律，极端地认为证否一面便能证实全面。主要表现为：

①对主观犯意的感性揣测。

例 4：黎某与梁某是世交，不可能去撞他。[③]辩方先从人情切入，否定黎希望梁死亡；既而认为对危害结果要么积极追求要么完全否定，既然并非直接故意，便一定属于过失。完全忽略了二者间还存在放任的间接故意。

②对客观行为的机械界定。

例 5：金某的公司是工商机关核准注册的爆竹生产企业，不构成非法制造爆炸物罪。[④]辩方将生产行为刻板归类成要么有资质要么无资质；旋而认为只有后者才是非法。根本不考虑其中还存在越权制造的可能。

（3）偷换概念[⑤]

部分意见用日常语义取代法定内涵，进而脱离刑法规制理解犯罪构成。如：王某购买氰化钠，不构成非法买卖危险物质罪。[⑥]辩方限

---

① 参见山东省高级人民法院（2013）鲁刑二终字第 ×××号刑事裁定。

② 对不止两种可能的事物仅设定两种对立的可能。

③ 参见广东省高级人民法院（2009）粤高法刑一终字第 ×××号刑事判决。

④ 参见黑龙江省伊春市中级人民法院（2012）伊刑一初字第 ×号刑事附带民事判决。

⑤ 在同一思维中将不同概念等同并相互替代。

⑥ 参见浙江省绍兴市越城区人民法院（2011）绍越刑初字第 ×××号刑事判决。

制解释"非法买卖"，以"买卖兼备"的字面寓意替换"可具其一"的立法本意，从而暗度陈仓地修正了本罪。

2. 相关性谬误

（1）虚假相关[①]

一些意见过度解读已知事实，从而得出不实结论。如：某女有精神障碍，其作证能力存疑。[②] 其曾因药物导致精神障碍，但自被羁押便不再接触相关制剂，因此由辩方所提先前病史无法自然推出作证时能力缺失。

（2）诉诸无知[③]

一些意见常摆出"证据不足"事实、宣讲证据裁判道理，以无知即无罪否定指控。如：不能确定起获的 4 台服务器为快播公司管理。[④] 辩方将不由快播管控的免责主张建立在"不能确定"之上，认为因不能确证"是"，所以一定"不是"。

3. 论据不足型谬误

（1）虚假论据[⑤]

部分意见为支持论点而提出与在案证据指向相反的论据，以致起点错错到底。如：王某索贿事实不清。[⑥] 辩方无视王某索贿据确凿，而主观臆断所谓出罪根据，最终得出错误结论。

（2）不当类比[⑦]

---

① 将不真正相关的事物误认为密切相关。

② 参见山东省济南市中级人民法院（2013）济刑二初字第 × 号刑事判决。

③ 确认是真仅因其未被证否，确定为假仅因其未被证实。

④ 参见北京市海淀区人民法院（2015）海初刑字第 ××× 号刑事判决。

⑤ 用不真实的论据证明论点。

⑥ 参见北京市第一中级人民法院（2010）一中刑初字第 ××× 号刑事判决。

⑦ 将两个表面相仿的概念简单比较后，便断定其本质相同。

一些意见停留在事实浅表，认为某行为局部符合构成要件，其整体就该当此犯罪构成。如：臧某骗取 305000 元，应构成诈骗罪。[①] 辩方强调臧制作虚假链接，进而以"虚构事实、隐瞒真相"类比定罪；却忽略被害人仅自愿支付 1 元、剩余 304999 元实是窃取、与被骗无关。

（二）辩护方式与典型化认识偏差

1.先声夺人下的思维定式误导

为削弱指控，常有意见逾越证明环节自拟事实，并以此为据支持辩解。如：王某收取的 130 多万元用于发放奖金，应从受贿数额中扣减。[②]"奖金说"本无实证，但是被辩方首次提出，难免先入为主；同时直接用作论据，常引导关注重点后移，其本身似乎不证自明。若裁判回应不当，往往误导公众，难收示范教育之效。

2.情感渲染中的表象因素干扰

为减轻罪责，曾有意见放大被告缺陷、一味示弱，并以此为引博取同情。如：陈某阴茎短小没碰过女人，兴奋之情不能用正常标准判断，其错将黎某鼻孔捂住，是过失杀人。[③]辩方强调先天不足并加以引申，将陈塑造成无法正常思维的弱势群体，借以增添辩解与判断的感性成分。若司法批驳不准，反陷道德质疑，难收规范评价之效。

3.避实就虚内的要件事实弱化

为架空控诉，实有意见突出介入因素、淡化危害，并以此为由瓦解事实认定。如：杜某被送往人民法院而非距离更近的冠县中医院，

---

① 参见浙江省杭州市中级人民法院（2011）浙杭刑初字第 ×× 号刑事判决。
② 参见广西壮族自治区高级人民法院（2013）桂刑经终字第 × 号刑事裁定。
③ 参见广东省高级人民法院（2013）粤高法刑四终字第 ×× 号刑事判决。

系延误救治导致死亡。① 辩方对于某伤人避之不谈，反集中论述被害人死亡另有他因，进而主张于没有杀人。类似问题还有被害人过错等，均须专业鉴定、理性分析。若文书回击不实，可能反成标靶，难收行为指引之效。

4. 以小博大下的认知偏见羁束

为反守为攻，确有意见抓住取证瑕疵大作文章，并以此为基全盘否定证据。如：徐某没有商务部车证，徐关于薄某在商务部要求其对购买别墅保密的证言不应采信。② 辩方从车证不在案切入，进而否定徐全部陈述。程序无小事，若说理阐释不周，可能催生偏见、累及实体，难收人权保障之效。

5. 似是而非中的字面含义局限

为于法有据，更有意见仅凭字面含义臆测概念，并以此为辞作无罪、罪轻辩护。如：250万以借条形式存在，陈某未实际获取，应从受贿财产中扣除。③ 辩方根据表层语义限制解释非法占有，将其等同于直接占有，却遗漏占有改定等间接占有形式。要件内涵尤须明确，若释法回应不全，难收预测预防之效。

6. 言之无物里的强词夺理隐患

还有意见言简意少，虽不乏观点可取却缺少论据支持。如：认定缪某杀人证据不足。④ 原审判决事实认定确存疑点，但是定罪证据如何不足辩方没有说明。无罪裁判引发多方关切，若论证理由不详，难收公众认同之效。

---

① 参见山东省高级人民法院（2017）鲁刑终×××号刑事附带民事判决。
② 参见山东省济南市中级人民法院（2017）济刑二初字第×号刑事判决。
③ 参见江苏省高级人民法院（2009）苏刑二终字第××××号刑事裁定。
④ 参见福建省高级人民法院（2017）闽刑再×号刑事附带民事判决。

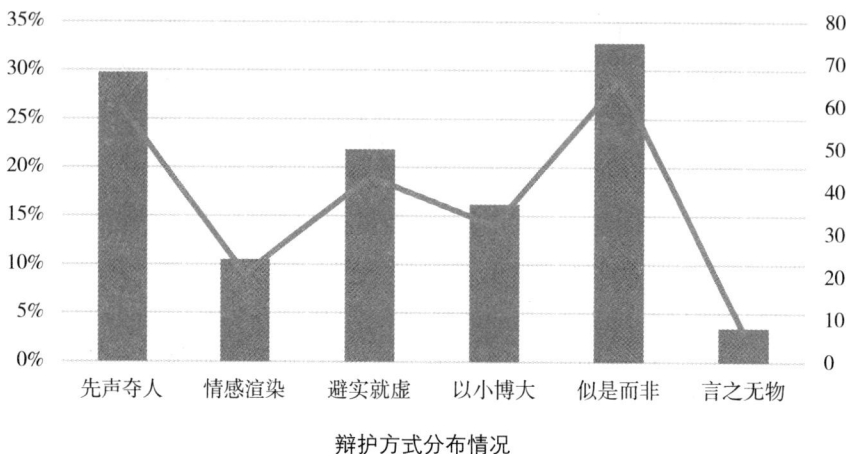

辩护方式分布情况

二、情势研判：说理回应背后的理性思考

上述问题本质上是对法理、情理、事理、文理把握不准、适用不当。若将庭审视作控辩说服法官的诉讼过程，裁判便是法官取信控辩、引导公众的心证历程。而理由是判决的灵魂[①]。作为司法回应个案的理性思考，明情解义、释法纠偏正是文书说理的核心要义。

（一）法无明文之法理释明

法是"理"与"力"的结合。[②]它常彰显是什么与一般怎样办，却未作答为什么及特例如何判；常体现力的普适性，却难免表述抽象、文义模糊。当刑法不足以自明时，应以法理探求背后的价值。

---

① ［法］勒内·达维德：《当代主要法律体系》，漆竹生译，上海译文出版社1984年版，第132页。

② 孙国华、黄金华：《法是'理'与'力'的结合》，载《法学》1996年第1期，第5页。

1. 阐释刑法机能

如薄某案。刑法规定了受贿罪构成要件，却未明确"谋取利益"的特定内涵；薄能否因未为个人谋利而出罪，关键在于如何正确解读要件语素。一审判决立足犯罪客体，首先指明受贿罪的本质是侵犯公务行为廉洁性；继而指出权钱交易背离公职宗旨、破坏政府形象，具有严重的社会危害；因而认为只要收受财物后承诺谋利，无论指向个人还是单位，均构成本罪。由此，既申述规范价值，又回应出入人罪质疑，充分阐释了刑法保护社会、保障人权的双重机能。

2. 论述入罪依据

如彭某案[①]。彭吸毒后杀人，辩方主张其无辨认及控制能力，不应负刑责。刑法规定犯罪构成，却未明示入罪原因。彭杀人时确有神智异常，但这能否成为免责事由，罪与非罪关键在于如何理解犯罪本源[②]。二审裁定围绕"原因自由行为"梳理犯罪脉络，认为彭明知摇头丸致幻仍自愿服食，是主动身陷精神障碍；既已自由选择行为前因，就应对后续结果承担责任。由此阐述意志自由，清晰表达犯罪是自觉作恶、可禁不禁的刑法立场。

（二）法不徒行之情理讲明

在刑法的脸中，包含着被害人父母、兄弟的悲伤和愤怒，也包含对犯人的怜悯。[③]法不容私情，该当犯罪构成即已具备形式违法；又

---

① 参见福建省高级人民法院（2006）闽刑终字第×××号刑事裁定。

② 陈兴良认为，在犯罪存在的本源问题上，存在着意志自由论和行为决定论之争，由此形成犯罪观基本内容。参见陈兴良：《刑法法理的三重语境》，载《中国法律评论》2019年第3期，第79页。

③ ［日］西原春夫：《刑法的根基与哲学》，顾肖荣等译，法律出版社2004年版，第138页。

不外乎人情，期待可能性常阻却责任，追求规范的实质理性。当刑法不足以自行时，定罪量刑间"必须含有法官的泪水[①]"。

1. 综合认定主观恶性

如于某案。于捅刺四人致一死三伤，防卫明显过限造成重大损害。但辩方提出被害人侮辱于母，对于某应从轻处罚。二审判决拓展被害人过错外延，认为辱母与犯罪虽间隔较长，但后者难免受前影响，应作对"于"有利情节重点考虑；同时引入伦理观念进行价值判断，认为辱母亵渎人伦、情节恶劣，对"于"过当防卫应减轻处罚。由此，在犯意认定上遵循世风民情，凸显人性关怀。

2. 全面分析社会危害

如金某案[②]。金明知其弟杀害三名儿童，仍用汽油焚尸灭迹。辩方提出金仅是包庇，请求从轻。二审裁定立足公序良俗和未成年人保护，从犯罪手段与对象切入综合评价全案情节，进而指出金某手段残忍、情节严重，对其从重并无不当。

（三）法当定罪之事理阐明

法院判处有罪的标准是确信无疑。[③]但内心确信的程度没有量化，合理怀疑的范畴也常因案而异。面对无罪和罪轻意见，文书说理无论正面回应、反面批驳，均应重点阐述事实认定依据。

1. 秉持证据裁判原则

如王某案。辩方否认索贿，认定王某主动求财需有确凿证据。判决首先列举证人证言、在案书证物证及王某供述，指出各证据相互印

---

① [日]西原春夫：《刑法的根基与哲学》，顾肖荣等译，法律出版社 2004 年版，第 139 页。
② 参见河南省高级人民法院（2000）豫法刑二终字第 ×× 号刑事裁定。
③ 房保国：《刑事诉讼规则实证研究》，中国人民大学出版社 2010 年版，第 239 页。

证衔接，能初步证实指控。其次，分析供述系自愿作出，不存在刑讯逼供；证人间无串证行为，也没有栽赃动机；取证及时合法，可排除伪供伪证嫌疑。最后得出索贿结论。从而坚持证据裁判，既说明驳辩事理又展示心证进路。

2. 适用经验逻辑规则

如快播案。证实快播公司管控在案服务器是定罪关键。一审判决运用经验法则与逻辑规则逐层论证。首先，指出光通公司与快播签订服务器托管协议，阐证法定义务；其次，点明快播为服务器安装系统软件、进行远程控制，确证技术能力；再次，证实服务器系统日志检索的远端操作 IP 地址系快播专用，佐证实际行为。进而认定快播对淫秽视频负有监管职责。

（四）法有定论之文理说明

日本学者加藤一郎说，法律规范的事项若在框之中心，最为明确；愈趋四周愈为模糊。[①]边缘语义的含混性在一定程度影响着司法认知。但罪刑法定原则下，要件语素的文字射程必须契合文理解释。

如金某案。非法制造爆炸物罪采用简明罪状，并未明文规定"非法"内涵，涉案公司能否因具有生产资质规避刑责。根据体系解释和文理要义，本罪客观要件须与非法制造用于骗取出口退税发票罪内涵同一，而后者的入罪行为涵括擅自制造。由此，金某等本应生产爆竹却违规出品礼花弹，该擅自加工属于非法制造，已构成本罪。

---

① 杨仁寿：《法学方法论》，中国政法大学出版社 2013 年版，第 128 页。

三、范式构建：驳与证推演的逻辑进路

"正义不仅要实现，而且要以看得见的方式和步骤去实现。"[①] 回应意见讲究立场正确，更注重论理缜密，无论证实采纳还是驳复纠偏，均应遵循逻辑进路。而科学的思维范式不仅规范审判释法，而且增进文书说理；不仅使法官敢说会说，而且让公众听懂弄通，在强化反驳论证中不断提升司法认同。

（一）通过批驳直接回应

一些意见或是论点、论据失当，或是论证方式欠妥，其中谬误比较明确、单一。此时可通过批驳直接回应。

1. 用归谬法否定论点

归谬法即通过反向证明间接判定真伪。以此回驳辩点，有以下两种进路。其一，证明对立面正确，从而迂回证否论点。其恪守排中律，主张同一思维中命题与否命题具有矛盾关系，若后者为真，则前者必假。如魏某案[②]，辩方认为魏从未伤害保姆蔡某。对此，二审判决从社会关系入手，证实蔡由河南老家至广东打工 5 年间，没有与魏以外的其他人深入接触；并列举鉴定意见，证明蔡面部毁容、牙齿脱落、肋骨十级伤残等严重损伤系长期施暴所致；后根据生活经验排除他人作案可能。既然"是魏"为真，则"非魏"是假，辩点不攻自破。

---

① [英]丹宁勋爵：《法律的正当程序》，李克强等译，法律出版社 1999 年版，第 1 页。
② 参见广东省高级人民法院（2007）粤高法刑三终字第 ×× 号刑事判决。

其二，假设论点正确，由此得出荒谬结论，进而回溯证否论点。其遵循真理融贯论，主张命题之间应和谐统一，若所作推断自相矛盾或与其他真理性认识相左，则该命题必假。如薄某案。辩方提出徐某关于 2004 年薄某在商务部与其密谈的证言系孤证。对此，一审判决顺势回应。首先若是孤证，应无任何佐证，但薄供述与其配偶证言皆证实 2002 年薄已知徐某购买别墅，此与徐所言前后衔接；因此"孤证"有证。其次若是孤证，全部均应无从印证，但本案仅未调取商务部车证，不能证明的只是会谈地点；因此"孤证"不孤。论理从孤出发，却得出不孤与有证，辩点首尾难顾。

2. 用简单判断^①规则否定论据

（1）性质判断

性质判断即断定对象有或没有某种属性；涵括全称肯定（所有 S 都是 P）、全称否定（所有 S 都不是 P）、特称肯定（有的 S 是 P）、特称否定（有的 S 不是 P）四种形式。以此回击论据，主要有三种进路。其一，若全称肯定是真，则特称肯定是真，但是由后者为真不能倒推前者亦真。如陈某案。辩方提出陈退赃且配合追缴，应当从轻处罚。但减轻社会危害作为酌定情节，仅能影响部分量刑，并不具有普适性。二审裁定立足全案事实，论证"有些可以"不能推出"所有应当"；进而认为陈受贿数额特别巨大、情节特别严重，虽主动弥补仍不足以从轻。以此诘驳意见。

其二，若全称肯定是真，则特称否定是假。如王某案。辩方认为氰化钠属限用性剧毒化学品，不是刑法规定的毒害性物质。就此，判

---

① 判断是对对象有所断定的思维形式。简单判断是不包含其他判断的判断，分为性质判断与关系判断。

决首先枚举氰化钠的重大损害的实例，指出所有剧毒化学品都是法所禁止的危害性物质；其次论证"所有是"为真，则"有的不是"是假。由此纠驳意见。

其三，若特称肯定是真，则特称否定可能是真、也可能是假。如马某案[1]。辩方提出利用未公开信息交易罪只有情节严重，目前所有判决均照此量刑，因此指控本案情节特别严重违反了罪刑法定原则。最高法院判决指出，辩方所举的有限案例仅可证实"有的行为情节严重"，并未证否"有的行为不是"，更无法否定本案情节特别严重。因此批驳意见。

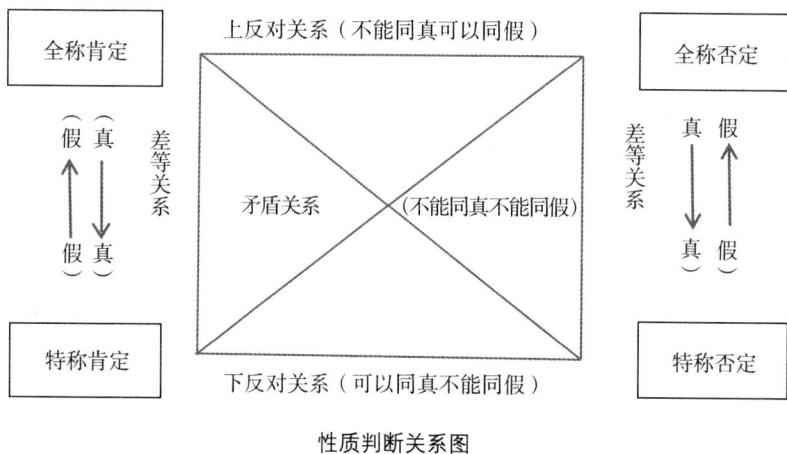

性质判断关系图

（2）关系判断

关系判断即断定对象之间有或没有某种关系。以此回击论据，主要有两种进路。其一，区分对称、反对称关系，避免将二者等同。一些意见在犯意认定上，关注他人对被告的影响，却忽略后者对前者的呼应，从而错将双维对称关系等同于单维反对称。如栾某案[2]。辩方认

---

[1] 参见最高人民法院（2015）刑抗字第 × 号刑事判决。

[2] 参见黑龙江省齐齐哈尔市中级人民法院（2013）齐刑一初字第 ×× 号刑事判决。

为范某在侦查监控下向栾购毒，存在犯意引诱。就此，判决指出：交易前栾既已收购 100 克冰毒待售，因此范、栾自始具有共同犯意，并不存在一方有意图而他方无故意的时间节点。进而驳斥系引诱导致贩卖的意见。

对称关系：

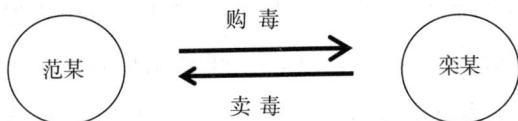

其二，区分传递、反传递关系，防止将二者混同。一些意见在责任认定上，割裂联系纽带，将主体、行为一脉相承的传递关系误认为是双方只对中间项负责而互不相关的反传递关系。如聂某案[1]。辩方认为部分行为聂没有实施，不应承担刑责。对此，一审判决指出：聂是组织领导者，应对组织负责；组织为自身利益实施犯罪，应对所有行为负责；因此聂虽未直接参与，仍应承担责任。

传递关系如下图：

3. 用复合判断[2]规则否定论证

（1）联言判断

联言判断即断定若干情况同时并存，否定任何一种便否定判断本身。量刑情节包涵多项要素，一些意见却仅强调其一，进而得出从轻、减轻结论。此时应罗列该情节所有要件，并结合案情逐项核实；

---

① 参见山东省青岛市中级人民法院（2011）青刑一初字第 ×× 号刑事附带民事判决。

② 由两个以上简单判断组成，包括联言、选言、假言与负判断。

若不能悉数符合，辩点便不成立。如陈某案。辩方认为陈检举他人犯罪，构成立功。而立功的法定条件是提供重要线索并得以侦破其他案件。二审裁定据此指出，被检举人落网与陈检举行为间没有因果关系，不能认定"得以侦破"。从而反驳"立功论"。

（2）选言判断

选言判断即断定若干情况至少存在一种，否定所有可能才否定判断本身。犯罪构成涵括多重要件，一些意见却只证否其一，进而作出无罪辩解。此时须枚举入罪主客观等所有方面，并结合案情逐一排除；若不能全部否定，辩点便不成立。如陈某案[①]。辩方认为涉案企业合法经营，无涉黑经济特征。而"黑经济"要么以黑护商、要么以商养黑，所谓合法经营仅能证否前者。判决就此指出，该企业支持组织发展属于以商养黑，是黑商勾结典型表征，从而批驳"无黑论"。

（二）经由论证间接回应

一些意见或者臆测因果关系，以生活判断取代专业分析，具有较强的迷惑性；或者照搬法律条文，将简单类比适用论据与论证，具有较广的弥散性；或者扼要提出论点，用"是什么"消解"为什么"，欠缺深入说服力。此时均可通过论证说理间接回应。

1. 由因导果综合法

综合法即从已知条件归纳结论；其典型进路为由因导果。以此回应意见，适用两种情形。其一，借表面现象掩盖真实情况，进而得出错误结论的。如足球腐败案[②]。辩方认为延边球队向单位（海利丰俱乐

---

① 参见广东省深圳市中级人民法院（2012）深中法刑一初字第×××号刑事附带民事判决。
② 参见辽宁省铁岭市中级人民法院（2011）铁刑二初字第××××号刑事判决。

部）行贿，不构成犯罪。对此，判决梳理海利丰教练左某受贿成因，列举其进款要求（须是现金，不同意转账到单位）、提款方式（让外甥取回）与分款范围（仅与王某分赃）；概括得出左系个人受贿。由此认定陈某等构成向非国家工作人员行贿罪。

其二，认为事实认定证据不足，从而直接否定指控的。如杨某案[①]。辩方提出郑某尸体尚未找到，认定死亡事实不清。就此，判决整合郑被害外因，枚举杀人手段（捂口鼻窒息）、处理方式（挖坑掩埋）、间隔时间（从被杀至埋尸相隔5小时）及杳无音讯；归纳得出郑已无生存可能。由此确证杀人事实。

2. 执果索因分析法

分析法即从结论探求原因，直至对接已知条件；其典型进路为执果索因。以此回应意见，主要有三种方式。其一，执构成要件之果，索个案事实之因。如聂某案。辩方提出聂团伙无组织特征，不是黑社会性质组织。一审判决围绕黑组织特征展开说理。首先，具备组织特征应结构稳定、人数较多、有明确的领导者并固定的骨干成员；其次，结构稳定需一定层级及纪律规约，人数较多需三人以上且比较固定，明确的领导者需绝对权威与一致认可，骨干成员一般有金字塔式的命令传导机制；最后，上述诸点被同案人证言、被害人陈述及被告人供述等一一证实。因此，涉案组织具备黑社会组织特征。

---

① 参见浙江省温州市中级人民法院（1999）温刑初字第×××号刑事判决。

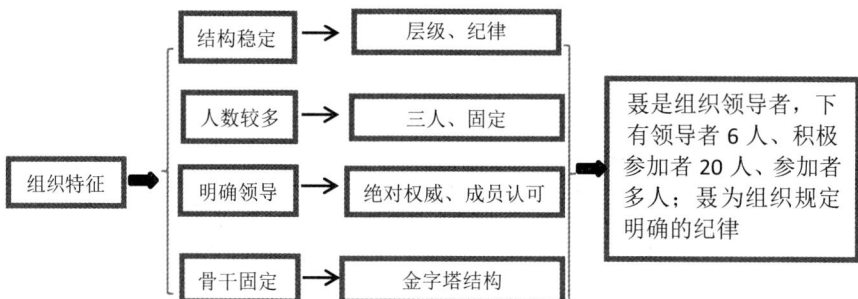

黑社会组织特征

其二，执量刑情节之果，索个案事实之因。如乔某案 ①。辩方认为乔不是主犯。对此，二审裁定从主犯内涵出发认为：本案主犯须在共同犯罪中起主要作用，主要作用常表现为组织、策划、指挥。而乔提起伤害孙某的犯意并与乔某等密谋，纠集吕某、胡某将孙调换房间隔离，指使李某等实施殴打；这些分别体现了策划、组织与指挥。因此乔是主犯。

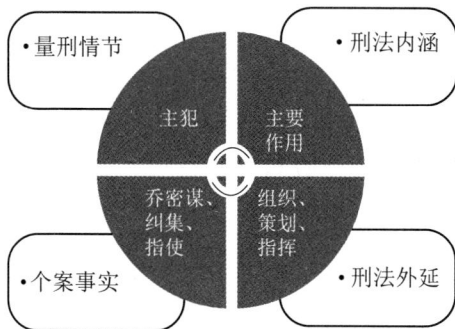

主犯的认定

其三，执法律事实之果，索在案证据之因。如黎某案。辩方提出黎不具备以危险方法危害公共安全罪主观要件。而二审判决认为：本

---

① 参见广东省广州市中级人民法院（2003）穗中法刑一初字第 ××× 号刑事判决。

罪主观要件可由间接故意构成，间接故意是对死亡结果持放任的心态，而放任是明知危害结果可能发生却听之任之。在案勘查笔录、车辆痕迹检验报告、证人证言等均证实，当时车窗开启，黎可辨认外部环境；车右后轮碾压被害人，黎正调头转弯、能控制自身行为。黎某能而不为、放任死亡发生，因此构成本罪。推导如下图。

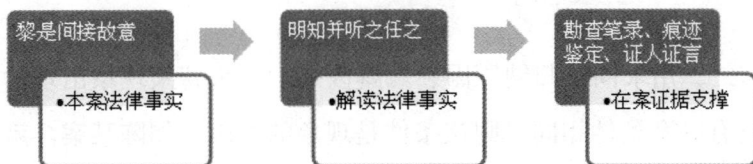

黎某在案证据的犯罪构成

3. 因果关联穆勒法

穆勒法即确定现象间因果联系的逻辑方法。以此回应意见，主要有三种进路。其一，用共变法固定原因、凸显因果；主张若某现象发生变化，另现象也随之变化，则前是后的原因。如陈某案。辩方认为陈没有为组织设立企业，各企业也未向组织上缴过款项，因此不存在黑社会性质组织经济特征。二审判决以涉案企业成长节点为分析抓手，指出：在初创期，陈等违法犯罪垄断暴利行业，为经营划分势力范围；在壮大期，陈等寻衅、摆场打击外部竞争，给牟利提供非法保护；在扩张期，陈以老大身份调解纠纷，替资本铺平发展道路。因此，企业发展与组织行为休戚相关。本案以黑护商表征明显，已具备黑经济特征。

A1 B C   a1
A2 B C   a2
A3 B C   a3

————————————

A —————▶ a

组织行为	涉案企业
垄断 暴利行业	**初创**
打击 外部竞争	**壮大**
调解 内部纠纷	**扩张**
以黑 ————护————▶ 商	

共变法凸显因果

其二，用求同法归纳原因、暴露因果；主张若某现象出现的不同场合仅有一个条件相同，则该条件是现象的原因。如陈某案。辩方提出一审认定陈为黑组织领导者证据不足。对此，二审判决列举骨干成员供述、一般参加者交代与当地群众证言，说明陈不仅决定组织策划，而且指挥组织行动，同时成为组织扬名的旗号；从而由各层面反复证实，在组织出现的不同场合，陈某均参与其中。因此陈就是组织领导者。

A B C   a
A D E   a
A F G   a

————————————

A —————▶ a

人物行为	场合
陈与骨干分子决定	**组织**策划
陈指挥一般参加者	**组织**行动
成员打着**陈**的旗号	**组织**扬名
陈是**组织**领导者	

求同法暴露陈某犯罪原因

其三，用求异法发掘原因、推知因果；主张若某现象出现与不出现的场合仅有一个条件不同，则该条件是现象的原因。如于某案。辩方认为杜死亡并非于欢所致。就此，判决首先证实，杜某受伤后虽未去最近处救治，却即被送往最好的医院，并未延误诊疗；进而指出，如果没有于某先前捅刺，杜便不会死亡。因此两相比对，于某行为是其致死根源。

	场合	现象
A B C　　　a	送往非最近医院	杜某不会死亡
--BC--　　---	**于某捅刺**+送往非最近医院	杜某死亡
A ⟶ a	于某捅刺 ⟶	杜某死亡

求异法推知于某犯罪原因

4. 以此及彼类比法

类比法指因两对象某些属性相同，而判断二者其他属性亦同。以此回应意见，主要有两种进路。其一，适当进行情理类比，为事实认定引进生活经验。如缪某案，再审判决认为定罪证据存疑。首先，根据现场勘查笔录、尸体检验报告及被告人供述，缪等 5 人在刚好容纳尸身的浴室分尸；而人体器官、血脉均类似动物，劈砍猪肉尚会喷溅血污，多主体近距离地将被害人肢解成 7 块，却未沾染任何生物遗痕，此与常理不符。其次，根据提取笔录、扣押清单，案发 18 日后侦查机关在缪家厨房查获菜刀、砧板；而尸体与分尸工具都是作案证据且为人忌惮，前者早已隐秘处置，后者却长期地公然摆放，此与常情相悖。

其二，避免机械法理类比，使罪名认定全面该当犯罪构成。如臧某案。臧以网售女装为名诱骗金某点击虚假链接，辩方认为构成诈骗罪。但本案与诈骗犯罪仅在虚构事实、隐瞒真相等边际事实上类似，无法据以推出臧某行为完全该当此犯罪构成。一审判决强调指出，金某被骗打开的是一元支付网页，其仅自愿转账一元；而涉案大额款项皆由臧某通过植入程序秘密转入提前注册的"Kissa123"账户，对此金既不明知也非情愿。因此，本案行为全面符合盗窃罪犯罪构成，应当构成盗窃罪。

　　文书说理范式规范"四理"引入进路、强化意见回应效果，对于提升裁判质量具有积极意义。但是，正义有着一张普罗透斯似的脸[①]。个案情况复杂，辩点不断创新，文书释法如何更好地契合司法价值、符合审判需要，仍须进一步探索。大数据时代，整合海量案例并建构说理数模，将实现论证、反驳由定性向定量的跨越，进而不断增进回应精准度。抽象出逻辑指标并设置"四理"权重可成为深化研究的方向。

---

① [美]E.博登海默:《法理学：法律哲学与法律方法》，邓正来译，中国政法大学出版社1999年版，第273页。

信息网络时代非典型性黑社会性质组织认定进路研究

——以 67 个网络犯罪权威案例为样本

信息网络时代犯罪智能性强、隐蔽化高，一些黑社会性质组织借机对组织要素变异升级，使四大特征部分呈现非典型性。如何在综合认定中把握本质，实践对理论提出了新课题。研究特征间的内在关系，并据此形成认定信息网络黑组织的逻辑进路，能提升定罪精准度，对纵深推进扫黑除恶具有重要意义。

一、实践检视：网络异化下的组织要素认知困惑

信息网络使通讯即时、行为延伸，相关犯罪在人员管控、命令传导、牟利分赃、社会危害上均有别于传统情形。网络异化之下[1]，黑社会性质组织不再明显具备《刑法》第二百九十四条规定的四大特征，而组织要素的部分"缺失"相应导致司法认知困惑。

---

[1] 于志刚教授认为，网络对传统刑法的异化作用已成为不容忽视的问题。参见于志刚：《传统犯罪的网络异化研究》，中国检察出版社 2010 年版，后记。

（一）犯罪情况汇总分析

1. 纵向比对

网络犯罪逐年攀升，日益呈现共同作案的明显特征。据最高人民法院司法统计，2016 年度涉网犯罪 1.1 万余件，2017 年同比上升 32.58%，2018 年上升 50.91%；2016 年度平均每案涉及 2.43 名被告人，2017 年为 2.70 人，2018 年为 2.90 人。[①] 伴随涉网犯罪组织化程度提高，黑社会性质组织进一步向虚拟空间渗透。

2. 横向比较

相较于普通犯罪，网络共犯在犯意沟通、行为分工上更趋复杂隐蔽，具有鲜明的线上特性。本文撷取的涉网案件共计 67 例，或由最高人民法院发布[②]，或经中国应用法学研究所编纂[③]，均具较强的代表性。其中，主要体现人员关系松散的有 20 例，占比 30.0%；体现牟利方式隐秘的 12 例，占 17.9%；体现实施手段间接的 16 例，占 23.9%；体现社会危害抽象的 11 例，占 16.4%。一些较成熟形态正向黑社会性质组织转化，如何打准打实迫在眉睫。

---

① 参见《司法大数据专题报告：网络犯罪特点和趋势（2016.1—1018.12）》，载最高人民法院网站，http://www.court.gov.cn/fabu-xiangqing-202061.html，笔者于 2020 年 5 月 15 日访问。

② 2019 年 10 月 25 日发布 4 起涉网案例、11 月 19 日发布 10 起网络诈骗案例，及第 102-106 号指导案例。

③ 2018、2019 年《网络司法典型案例（刑事卷）》。

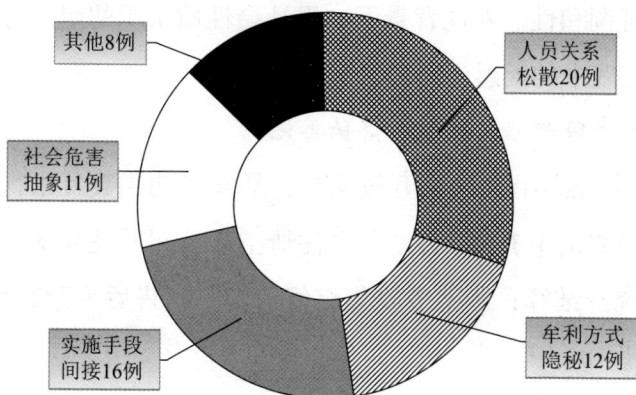

网络共犯情况分析

（二）疑难问题分类剖析

1. 分工链条精细与人员结构松散化

例1：马某等租用"阿尔法象"平台实施套路贷；林某等对接"阿尔法象"暴力催讨；公司1为转单平账提供结算；公司2为敲诈勒索输送资讯；公司3为虚假诉讼评估风险。宋某借1500元，不足半年欠款35万。[①]

本案中，放贷、催讨、结算、风控各方彼此独立，既无策划预谋又无指挥协调，但是向谁贷、贷多少，向谁催、怎么催，以及如何走账、怎样做局，在套路贷中它们紧密衔接，危害行为的外界变动性得以充分展现并产生叠加效应。信息时代网络犯罪一个极为重要的特点就是犯罪活动形成利益链条，[②]组织架构虚化与犯罪产业链背后组织效能凸显的矛盾，进一步增强了有组织犯罪局部行为涣散与整体结构稳

[①] 参见《七台河警方侦破"7·30"套路贷专案》，载黑龙江新闻网，http://www.hljnew.cn/article/4135824.html，笔者于2020年6月15日访问。

[②] 沈德咏主编《＜刑法修正案（九）＞条文及配套司法解释理解与适用》，人民法院出版社2015年版，第265页。

定间的不可调和性。在此背景下，黑社会性质组织的组织特征应当怎样界定，实践中的困惑尚需理论阐释。

2. 营利手段隐秘与违法所得伪善化

例2：翁某等利用微信开设赌场；易某等购买数万张物联网充值卡（赌客向充值卡充值）；刘某等注册空壳公司并建立支付平台，对卡内资金统一结算；张某等收集充值卡密，销售后为赌客代付提现。涉案资金超 10 亿元。[①]

本案中，涉赌赃款经三道流程渐次洗白。首先，充值金额与话费面值对等，赌博投注貌似通话缴费；其次，资金在空壳公司账户周转，违法所得疑似等价交换；最后，充值卡密由互联网出售，抽头渔利形似物联网卡代理。网络犯罪具有行为隐蔽性、手段多样性、后果难以预测等突出特点，[②] 第三、第四方支付系统及各种"跑分"平台利用电子商务开辟虚假交易的隐秘蹊径，使非法牟利既不易向前回溯也难以往后追查。违法所得伪善化进一步模糊了有组织犯罪与经济利益间的因果关系，在此背景下，黑社会性质组织的经济特征应当如何厘定，实践中的疑惑亟需理论消释。

3. 网络安全薄弱与行为方式非暴力化

例3：蔡某等为争夺广告代理权，以 6G 流量同时访问某一发布的网站，致使目标服务器崩溃；又买通机房拔除网线，导致数家网站瘫痪。蔡某等的业务急剧膨胀，每日进账数十万。[③]

---

① 参见《二维码牵出 10 亿元大案件》，载中国新闻网 http://m.chinanews.com/wap/detail/zw/gn2019-11-21/9242171.shtml，笔者于 2020 年 6 月 20 日访问。

② 沈德咏主编《〈刑法修正案（九）〉条文及配套司法解释理解与适用》，人民法院出版社 2015 年版，第 260 页。

③ 参见《私服"大佬"蔡文浮沉记》，载新浪财经，http://finance.sina.cn/2016-11-03/detail-ifxxnety7218327.d.html，笔者于 2020 年 7 月 1 日访问。

本案中，流量攻击与临时断网均未施加有形的物理力，并非典型意义上的暴力行为，但是蔡某以此令众发布商不敢或不能反抗。开放共享使网络对病毒及设备故障缺乏足够的抵御，[①] 在虚拟空间针对人身和财产的强力侵犯难觅其踪，植入木马、点击鼠标就可能爆发出惊人的危害。运行智能化下的相互依附性与环境脆弱化导致的安全薄弱性不断加剧着危害行为表象与本质的分裂，在此背景下，黑社会性质组织的行为特征应当怎样认定，实践中的迷惑确需理论诠释。

4. 作案空间虚拟与非法控制抽象化

例4：帖文《姐妹们小心了，揭露某某某老师的真面目》在凤凰论坛攻击某培训学校教师的职业操守，被密集发帖、转发，48 小时遍及天涯等 4600 余个网络论坛。[②]

本案中，一篇帖文经网络公关策划、网络推手传播，迅速占据社交平台。不可否认，当万千水军借事造势左右网民判断时，抹黑者已非法控制了信息网络，但是占领网舆阵地能否等同于形成重大影响？互联网是可创造思想的交感幻像，[③] 线上空间及底层数据流的虚拟隐秘持续强化着行为危害的抽象特性，在此背景下，黑社会性质组织的非法控制特征应当如何确定，实践中的忧惑尤需理论开释。

---

① 王丹娜著《网络恐怖主义与网络反恐》，清华大学出版社 2019 年版，第 52 页。

② 参见《网络公关事件之抹黑新东方》，载百度文库，http://wk.baidu.com/view/8446cbob6c85ec3a87c2c57b?ivk-sa=1023194j，于 2020 年 5 月 30 日访问。

③ ［美］丹·希勒著《数字资本主义》，杨立平译，江西人民出版社 2001 年版，第 14 页。

二、理论研判：交互影响中的四大特征认证要旨

信息网络并非法外之地，组织、行为、经济、危害性等四大特征仍是黑社会性质组织的认定准星。它们交互影响彼此渗透，共同服务反社会的宗旨目标，把握其中关联将从组织格局上揭示各特征的认证要旨。

（一）组织特征——以聚合力强化目标导向

黑社会性质组织首先是犯罪组织，组织特征是其得以存在发展的必要前提。"人数较多"充实基础架构，使令不虚行；"明确的组织、领导者"强化运转效能，使令行如流；"骨干成员基本固定"优化职能配置，使令出必行。从成员基数到驱动内核，组织特征统筹连续犯罪、凝聚概括的故意，以强大的犯意聚合力强化着牟取暴利的目标导向。

正因为有明确的组织统领，才能系统实施违法犯罪。如朱某案[①]，涉案组织在朱某的带领下屡次寻衅滋事，数名骨干经朱默许公然敲诈勒索，多位成员由朱指挥一再侵扰中小餐馆、殴打无辜群众。正因为有长远的组织分配，才能不断增强其经济实力。如王某案[②]，涉案组织如病菌般蛀空向阳村后，王平等人决定用部分获利筹建嘉丰药业，从

---

① 参见《朱某等组织、领导、参加黑社会性质组织案件》，载《刑事审判参考（总第107辑）》，法律出版社，第11-23页。
② 参见《王某等组织、领导、参加黑社会性质组织案》，载《刑事审判参考（总第74辑），法律出版社，第74-84页。

而以进固稳，提升了犯罪生产力。正因为有稳定的组织保障，才能逐步形成非法控制。如张某案[①]，涉案组织经张某策划，由李某等制造虚假事故，逼退棉纱竞争者；邹某等封杀生猪交易，驱赶屠宰承包商；张某等强行收取保护费，控制苦笋经营权，渐次垄断生产经营。

相应地，组织特征的认证更加强调职责分工与角色定位，更倾向对组织聚合效能的整体把关。信息网络中的犯罪产业化特性凸显，组织特征的有无更须围绕核心本质并结合其他特征，进行实质研析。

（二）经济特征——以保障力支撑发展壮大

组织成员因非法牟利聚集成势，经济特征是黑社会性质组织滋生繁衍的物质根基。"获取经济利益"增强共犯吸附性，使潜在违法者蠢蠢而动；"具有一定的经济实力"提升犯罪职业化，使以商养黑等公司化运作暗流涌动。从强化动机到夯实基础，经济特征积聚违法所得、转化赃款黑财，以犯罪保障力支撑其组织发展壮大。

正因为有持续的经济诱励，才能长久维系组织集权。如邓某案[②]，涉案组织平日提供食宿，节庆派发红包，一旦"出事"能即刻纠集数十人站场造势。正因为有强烈的经济刺激，才能不断实施犯罪活动。如李某案[③]，涉案组织为抽头渔利，挑起事端故意杀人；为赚取酬金，买卖枪支参与绑架。正因为有坚实的经济后盾，才能迅速把控行业命

---

① 参见《张某等组织、领导、参加黑社会性质组织案》，载《刑事审判参考（总第74集），法律出版社，第40-50页。

② 参见《邓某等组织、领导、参加黑社会性质组织案》，载《刑事审判参考（总第74集），法律出版社，第12-20页。

③ 参见《李某等参加黑社会性质组织案》，载《刑事审判参考（总第74集），法律出版社，第30-39页。

脉。如史某案 ①，涉案组织开设赌场获利百万，以此为基购置枪械、网罗人员，继而控制工程招投标与茶麸收购市场。

伴随敛财方式日益多元，经济特征更加突出实质关联、强调本质认证。信息网络空间，经济利益与牟取手段常被人为剥离，司法认定尤须深刻剖析其他特征，从中追溯黑金来源，全面还原流转链条。

（三）行为特征——以领导力执行意志决策

非法影响须经数次行为量变叠加，行为特征是黑社会性质组织扬名立万的履践中坚。"暴力、威胁"树立杀伐权威，使劫掠大行其道；"多次进行"扩大反动影响，使竞争荡然无存；"为非作恶"形成心理强制，使群众敢怒却不敢言。行为特征实践称霸宗旨，实现垄断意图，以暴恶领导力执行组织决策。

正因为有系统的行为联动，才能不断强化组织领导。如邓某案 ②，涉案组织在邓某的策划下数次故意杀人、敲诈勒索，违法犯罪日益巩固邓"带头大哥"的核心地位。正因为有频仍的行为袭扰，才能强行攫取经济暴利。如张某案 ③，涉案组织以威胁恐吓收取苦笋保护费，经每日巡视暴力压制反抗，不足一年进账数万。正因为有持续的行为渗透，才能非法施加重大影响。如刘某案 ④，涉案组织实施十余起暴力犯罪，造成多人死伤，进而操纵广汉地区的生产经营。

---

① 参见《史某等组织、领导、参加黑社会性质组织案》，载《刑事审判参考（总第 107 集）》，法律出版社，第 24-33 页。

② 参见《邓某等组织、领导、参加黑社会性质组织案》，载《刑事审判参考（总第 107 集）》，法律出版社，第 100-108 页。

③ 参见《张某等组织、领导、参加黑社会性质组织案》，载《刑事审判参考（总第 74 集），法律出版社，第 40-50 页。

④ 参见《刘汉等组织、领导、参加黑社会性质组织案》，载《刑事审判参考（总第 107 集）》，法律出版社，第 64-78 页。

然而随暴力因素渐退幕后，虚拟空间的行为轮廓日益模糊，一些看似微小的举动也可引发蝴蝶效应，并搅起现实风暴。对行为特征的认证更须关注实施后效，在其他特征搭建的关系链条中由此及彼加强关联分析。

（四）危害性特征——以覆盖力体现称霸一方

建立非法秩序方可长久盘踞，危害性特征是黑社会性质组织区别于其他犯罪的核心本质。"形成重大影响"插手纠纷，阻滞生产，使霸道无孔不入；"严重破坏秩序"扰乱经营欺压群众，令强权为所欲为。危害性特征展示其控制实力，展现其破坏能力，以领域覆盖力体现组织称霸一方。

正因为有充盈的危害铺陈，才能始终保持结构稳定。如汪某案[1]，涉案组织暂停犯罪长达 5 年，后利用在当地恶名重整旗鼓。正因为有强大的危害震慑，才能轻易牟取巨额利润。如吴某案[2]，涉案组织控制采矿业后，在廉江地区低价强买矿山，数年积聚大量财富。正因为有深入的危害影响，才能不时更新行为手段。如吴某案[3]，涉案组织利用群众的恐慌心理，成立公司"以商养黑"，通过软暴力逞强争霸。

紧随时代发展，危害性特征在空间转换中演化变异。论坛、博客上的语言霸权能否对一定行业形成非法控制，信息网络中危害性的认证务须关注现实影响，在与其他特征互动中强化网上网下一体研判。

---

[1] 参见《汪某等组织、领导、参加黑社会性质组织案》，载《刑事审判参考（总第107集）》，法律出版社，第35-43页。

[2] 参见《吴某等组织、领导、参加黑社会性质组织案》，载《刑事审判参考（总第107集）》，法律出版社，第109-116页。

[3] 参见《吴某等组织、领导、参加黑社会性质组织案》，载《刑事审判参考（总第107集）》，法律出版社，第109-116页。

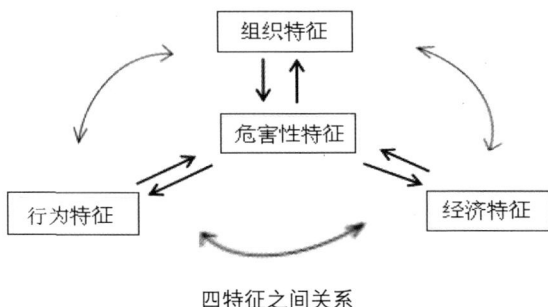

四特征之间关系

三、进路建构: 逻辑思辨上的司法综合认定探究

认定利用信息网络实施违法犯罪活动的黑社会性质组织时, 应当依照"四个特征"进行综合审查判断。[①] 综合认定是组织要素非典型化的破解良方。在此基础上建构逻辑进路将进一步规范自由裁量, 为打早打小注入理性思辨, 为打准打实提供可复制经验, 实现扫黑看得见的公正。

(一) 对特征内涵的关联式阐证

1. 由选言判断[②] 回应主体匿名性

网络共犯往往通过微信、邮箱沟通犯意, 既不透露真实姓名, 也未彰显相互关系, 主体呈现匿名性。如黄某某案[③], 黄经 QQ 将 iPhone 所有人信息批量发送给魏某, 由魏以电邮联系下家解密, 彼此使用网

[①] 《关于办理利用信息网络实施黑恶势力犯罪刑事案件若干问题的意见》第 9 条第 2 款。

[②] 选言判断是断定几种可能情况至少有一种存在的逻辑命题。

[③] 参见《黄某某等侵犯公民个人信息案》, 载李玉萍主编《网络司法典型案例 (刑事卷·2018)》, 人民法院出版社 2019 年版, 第 30-34 页。

络昵称，彼此并不知晓线下身份。

例1，马某等通过"阿尔法象"勾连，直接研判组织特征难以厘清层级。此时可从经济、行为等特征切入，深刻剖析：该套路贷团伙是否存在等级化分赃规则，可否为做大做强预留资金（选言支1）；是否以共同名义借新还旧、虚假诉讼，可否在恶意垒高债务、肆意认定违约时逞强争霸等（选言支2）。据以构建界定组织特征内涵的相容型选言判断[①]：

①具备组织特征须或有选言支1或有选言支2，具备其一（为真），命题证成（为真）；

②均不具备（为假），命题证伪（为假）；

③当且仅当既没有1也没有2时，组织特征才被完全否定（为假）。

组织特征选言命题真值表

选言支1	选言支2	1或2
真	真	真
真	假	真
假	真	真
假	假	假

2. 由模态判断[②]检视交易数字性

互联网金融常不问资金走向，一面撕裂交易链条一面拉长牟利战线，使违法所得根源隐秘，非法往来呈现数字性。如谢某案[③]，谢等用微信支付剥离投注与赔率，借线上娱乐洗白抽头渔利，将开设赌场伪

---

① 相容型选言判断是指若干选言支可同时并存的选言判断。

② 模态判断是断定事物可能性或必然性的逻辑命题。

③ 参见最高人民民法院 2018 年 12 月 25 日发布的第 106 号指导案例。

装成数字游戏。

例2，翁某等牟利方式迂回，泛泛解读经济特征难以剖释聚敛。此时可从行为、危害性等特征出发，深入分析：对公账户大额款项的背后是否存在真实业务，每日资金定向进出可否系有组织地策划；多数参赌人员是否致困返贫，招赌索债可否影响不特定人的生产生活等。据以构建界定经济特征内涵的模态判断：

①确以合法形式掩盖非法目的的，频繁转账非法是真（必然非 P 是真），因上反对关系"不能同真必有一假"，转账合法是假（必然 P 是假），则通过犯罪获取经济利益是真。

②造成不特定人重大损失的，可能影响范围较大是真（可能 P 是真），因矛盾关系"不能同真与同假"，必然影响范围不大是假（必然非 P 是假），则具备一定经济实力是真。

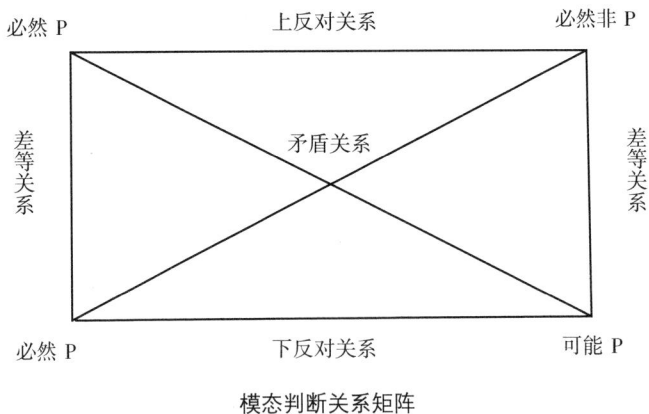

模态判断关系矩阵

3. 由直言判断① 解析交往非接触性

"触网"型犯罪常远程操控、跨域作案，既无需与被害人线下相见，也不必对目标财产豪取强夺，行为呈现非接触性。

---

① 直言判断是断定具有或不具有某种属性的逻辑命题。

如杜某案①，杜等虚构交易以"蚂蚁花呗"代付，借花呗信贷暗自套现，全程没有精神强制，也无人身胁迫。

例3，蔡某兵不血刃便使发布商屈服，形式探究行为特征难以透视暴力本质。此时可从经济、危害性等特征切入，深度辨析：蔡某等是否获取巨额收益，可否排除广告业正常竞争；广告发布商是否由此遭受重大损失，可否通过正当途径举报、控告等。据此以建立界定行为特征内涵的直言判断：

①巨额收益源于非法垄断，且对方遭受重创的，涉案行为具有强制性，则有的非接触行为是强制手段。

②暴力是强制的力量。根据所有非法的强制手段（M）都是暴力（P），及有的非接触行为（S）是非法的强制手段（M），进行三段论推理；得出"有的非接触行为是暴力（有的S是P）"，则一些非接触行为具有暴力性。

行为特征直言命题推理表

大前提	所有强制手段都是暴力	M——P
小前提	有的非接触行为是强制手段	S——P
结论	有的非接触行为是暴力	S——P

4. 由联言判断②诠释影响渗透性

网络犯罪是危害行为从虚拟空间向现实社会的延伸，非法活动发生在网上却不止于网络，影响呈现渗透性。如冯某案③，冯等购买网盘

---

① 参见《杜某等非法经营案》，载李玉萍主编：《网络司法典型案例（刑事卷·2019）》，人民法院出版社2020年版，第140-149页。

② 联言判断是断定几种情况同时存在的逻辑命题。

③ 参见《冯某等侵犯著作权案》，载李玉萍主编：《网络司法典型案例（刑事卷·2019）》，人民法院出版社2020年版，第123-126页。

并发布链接，连续推送未授权的影视作品，不仅扰乱互联网秩序，也侵犯他人著作权。

例4，攻击帖文挑起线上风波，同时引发社会关注，孤立审视危害性特征难以诠释非法控制。此时可从双空间的相关特征入手，深层解析：始作俑者是否违反网络传播法规，可否操控互联网论坛（联言支1）；是否为幕后组织排除正当竞争、破坏正常教学，可否有明确的领导者策划指挥，并对培训行业造成严重影响（联言支2）等。据此以建立界定危害性特征内涵的联言判断：

①具备危害性特征须同时有联言支1与联言支2，全部具备（为真），命题证成（为真）；

②皆不具备（为假），命题证伪（为假）；

③有1无2，或者有2无1的，网络犯罪的危害性特征均不成立（为假）。

危害性特征联言命题真值表

联言支1	联言支2	1并2
真	真	真
真	假	假
假	真	假
假	假	假

（二）对特征外延的贯连型推演

1. 假言连锁推理[1]法

（1）充分条件连锁推理

如果 P 那么 Q，如果 Q 那么 R，则如果 P 那么 R；所以，没有 R 就没有 P。充分条件的连锁推理，经由中间项 Q 在前项 P 与后项 R 间构建充分条件，进而得出 PR 关系的逆否命题。黑组织潜匿于信息网络，经济特征常隐晦难断，此时可从行为特征着手，通过危害性特征由表及里回溯，逐层勾勒经济特征外延。即：如果具有经济实力，那么形成非法控制；如果具备控制导向，那么行为上排除竞争树立权威；则如果具有经济实力，那么树立非法权威。所以，没有为树立权威"开疆辟土"的行为特征，就没有"物资雄厚"的经济特征。

经济特征充分条件连锁推理表

P → Q	经济实力 ——支撑——→ 非法控制
Q → R	非法控制 ——指引——→ 树立权威
P → R	经济实力 ————————→ 树立权威
非 R → 非 P	没有树立权威 ————→ 没有经济实力

如陶某案[2]，陶等购买含极限描述的商品后向淘宝投诉，并附向监管局申告的 PS 图片，利用商家怕事心理，以付费才撤诉相威胁，共计勒索 20 余万。陶等敲诈对象广泛，但仅限于淘宝商家，并未打压竞争对手；其中既无争强夺势的控制导向，也无树立权威的行为表征，因此不具备称霸一方的经济实力。

---

[1] 假言连锁推理是以多个假言命题为前提进而推出一个假言结论。

[2] 参见《陶某等敲诈勒索案》，载李玉萍主编：《网络司法典型案例（刑事卷·2019）》，人民法院出版社 2020 年版，第 194-200 页。

（2）必要条件连锁推理

只有 P 才 Q，只有 Q 才 R，则只有 P 才 R；所以，没有 P 就没有 R。必要条件的连锁推理，经由中间项 Q 在前项 P 与后项 R 间构建必要条件，进而得出 PR 关系的逆否命题。黑组织遁形于海量数据，组织特征扑朔迷离，此时可从行为特征着手，通过经济特征由外至内反推，渐次界定组织特征外延。即：只有以组织名义实施犯罪，才会为了发展豢养成员；只有为发展利益留存资金，才能巩固权威、凝聚人心。所以，没有以组织名义"一口同音"的行为特征，就没有"上行下效"的组织特征。

组织特征必要条件连锁推理表

P ⟵ Q	组织名义 ⟵——————发展利益
Q ⟵ R	发展利益 ⟵——依靠——领导权威
P ⟵ R	组织名义 ⟵——————领导权威
非 P ⟶ 非 R	没有组织名义——————➤没有领导权威

如白某案[1]，白等冒用女性 QQ 添加好友，在聊天中虚构事实向不特定人推荐亿淘客服，再假冒客服骗取加盟费，共计诈骗 110 余万。白等虽有分工，但从未以组织名义实施犯罪，其中既无巩固壮大的发展可能，也无发号施令的行动必要，因此不具备清晰严明的组织层级。

2. 二难推理[2] 法

（1）构成推理

如果 A 那么 C，如果 B 那么 C，或 A 或 B，所以 C。在构成推理

---

[1] 参见《白玉萍等诈骗案》，载李玉萍主编：《网络司法典型案例（刑事卷·2019）》，人民法院出版社 2020 年版，第 94-99 页。

[2] 二难推理是由两个假言判断与一个选言判断构成的推理。

中，若 A 与 B 至少具备其一，且无论 A 还是 B 均能推出 C，则 C 当然证成。黑社会性质组织屡次犯罪，但并非每起事实都能均衡体现四大特征，有些组织特征明显，有些经济特征突出，若皆展现危害性特征，则后者必然存在。信息网络空间组织非典型化现象更趋显著，运用构成类二难推理进行"双保险"论证，是实现证据确实充分的司法捷径。

危害性特征构成推理表

A 或者 B	组织特征或者经济特征
A→C, B→C	组织特征→危害性特征, 经济特征→危害性特征
C 成立	危害性特征存在

如李某案[①]，李等通过微信、QQ 实施诈骗，后层层返利分配所得，作案范围遍及全国，但有无欺压群众、能否具备危害性特征，在案证据难以直接证实。此时可重点论证组织、经济特征，从中明确危害性外延。

①该组织是否有明确的职责分工，是否在较长时间持续诈骗，骨干成员是否相对固定；

②李等是否以经济收益支持组织发展，是否在返利的同时，为施骗购置工具、提供经费，是否向成员及家属发放奖金、福利。

若具备①②之一，根据特征间互生关系，涉案组织可能具备危害性特征。

（2）破坏推理

如果 C 那么 A，如果 C 那么 B，无 A 或无 B，所以无 C。在破坏

---

① 参见《李某等诈骗案》，载最高人民法院网站，http://www.court.gov.cn/shenpan-xiangqing-21671.html，笔者于 2020 年 6 月 2 日访问。

推理中，若 A、B 至少缺一，且无 A 推出无 C、无 B 推出无 C，则 C 必然证伪。黑社会性质组织作为有组织犯罪的高级形态，应当同时具备四大特征，若有一二难以论证，可从其他较明显的表征着手，通过阐明组织结构不稳定、层级不清晰，或者经济分配是坐地分赃、违法犯罪未形成固定规范等，间接否定相关特征。信息网络空间，认定线下危害往往取证困难，运用破坏类二难推理予以"双否定"辩驳，是预防涉黑案件升格裁判的实践坦途。

危害性特征破坏推理表

无 A 或无 B	组织与经济特征至少缺一
C→A，C→B	危害性特征→组织特征，危害性特征→经济特征
无 A→无 C，无 B→无 C	无组织→无危害，无经济→无危害
无 C	危害性特征不存在

如戴某案[①]，戴等销售控制抢红包的外挂软件，获利 1000 余万，戴与郑某分 4 成，其余人员分 6 成。戴等贩卖病毒授权码，为入侵系统提供程序工具，但能否扰乱社会秩序，危害性特征难以直接认定。此时可侧重研判组织、经济特征，从中明晰危害性外延。

①戴与郑等是否存在领导、被领导关系，团伙销售是否必须遵守相关纪律，加入、退出是否完全取决本人意愿；

②收益分配是否依据组织地位，是否为寻求非法保护、开发新软件等发展事宜留存必要经费等。

若既无①也无②，则戴凯文等没有对一定行业形成非法控制，不具备危害性特征。

---

① 参见《戴某等提供侵入、非法控制计算机信息系统的程序、工具案》，载李玉萍主编：《网络司法典型案例（刑事卷·2018）》，人民法院出版社 2019 年版，第 99-106 页。

宪法创制者给我们的是一个罗盘，而不是一张蓝图。[①] 刑法如是，立法勾勒出黑社会性质组织的典型框架并要求综合认定，却未明确某些特征不明显时如何整体把握，为司法裁量留白。信息网络时代，虚拟空间中黑组织形态多呈现不规则性，立法的一般正义与司法个别化正义交汇相错；类案的逻辑认定还须恪守同一律、排中律及充足理由律，确保判断周延、推理缜密，以便打准打实严把形式思维关。上述定律与定罪量刑的融合范式或是研究深入推进的方向。

---

① [美]理查德·A.波斯纳:《法理学问题》，苏力译，中国政法大学出版社 2002 年版。第 331 页。

社会主义核心价值观融入裁判文书说理的司法进路研究

——从正当防卫类案件切入

社会主义核心价值观融入裁判文书说理，增强论证释法效果，提升了司法治理效能。如何既以法为据、遵循专业判断，又以理服人、引领社会风尚，既保持法治定力，又尊重社情民意，实现法治与德治相得益彰。为精准发挥审判职能，深度弘扬核心价值，在释法理、讲情理、明事理中持续增进人民群众的情感认同并擢升体感正义，法律尺度与司法温度、力度并行交融的规范进路值得研究。

一、类案争议中的伦理拷问

正当防卫作为重要的出罪事由，在正与不正的较量中赋予公民自卫权，宣示了"法不得向不法让步"的立法理念。然而实务驳杂，非典型性案件大量存在，对防卫人造成侵害者死伤的，须怎样评价防卫行为，应当如何树立主流的裁判标准。"出手该不该"、"结果重不重"等道德争议不断拷问着司法的灵魂。

案 1①：被告人那某某与被害人杨某 1 因工作琐事产生矛盾，杨某 1 纠集其弟杨某 2 赶至那某某餐馆，杨某 2 扼住那的颈部，杨某 1 持刀站在一旁，那某某挣脱后，拿起菜刀将杨氏兄弟砍成轻伤。检察机关以故意伤害罪对那某某提起公诉，一审法院以故意伤害罪定罪量刑，辩护人以正当防卫为由作无罪辩护；二审公诉人认为那某某的行为成立正当防卫，建议改判，二审法院最终改判那某某无罪。

围绕着防卫认定标准，本案的控辩双方观点对立，上下级检察院意见相左，一二审法院态度不同，诉讼各方争议颇大。防卫人本位与侵害者视角、权益保障和社会保护、规则取向同后果导向、实质正义与形式公正……多元化价值立场衍生的多维度评判理念，在防卫起因、时间、意图、对象及限度的思考中碰撞交锋。

同时，仅以 2020—2022 年度为例②，全国法院审结的带有防卫因素的相关案件共计 3832 件，启动二审程序的 1159 件，占比 30.2%。其中，检察院抗诉 199 件，占比 17.2%；辩护人作无罪辩护 1020 件，占比 88%；二审改判 419 件，占比 36.2%：各项比值均远高于同期案件总体水平③。而所涉文书对防卫正当性的法理阐述，300 字以内的 2575 篇，占比 67.2%；过 300 不及 500 字的 782 篇，占比 20.4%；过 500 不及 1000 字的 395 篇，占比 10.3%；1000 字以上的 51 篇，占比

---

① 参见天津市第一中级人民法院（2019）津 01 形终 69 号那顺吉力根故意伤害二审刑事判决书，载中国裁判文书网 http://wenshu.court.gov.cn/website/wenshu/181107ANFZ0BXSK4/index. html?docId=d390bf9f64d2404a927a8，笔者最后的访问时间为 2022 年 7 月 20 日。

② 相关数据来自中国裁判文书网 http://wenshu.court.gov.cn/website/wenshu/181107ANFZ0B XSK4/index.html?pageId=798ae57as8=02，笔者最后的访问时间为 2022 年 8 月 5 日。

③ 2020—2022 年度故意伤害案件共计 88123 件，启动二审程序的件 9605 件，占比 10.9%，其中检察院抗诉 432 件，占比 4.5%；辩护人作无罪辩护的 1709 件，占比 17.8%；二审改判 150 件，占比 1.56%。相关数据来自中国裁判文书网 http://wenshu.court.gov.cn/website/wenshu/181107anfzobxsk4/index.html?pageId=798ae57aee2d2dbd7329s8=02，笔者最后的访问时间为 2022 年 8 月 5 日。

2.1%：整体上，论理驳辩明显不足。

司法之供难应实务之求。唯有将防卫类案中的法理、事理、情理说深、说透，才能为诉讼各方解疑释惑，并切实回应社会关切。核心价值观与法治精神两相印证的文书说理之路，尚需在充分融入上走深走细走实。

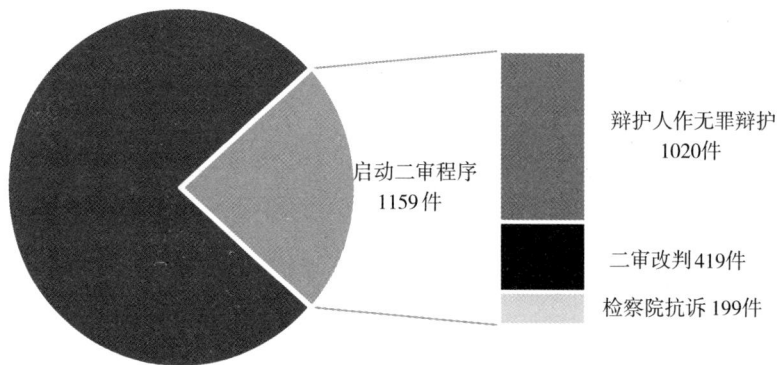

2020—2022 年度防卫类案件基本情况

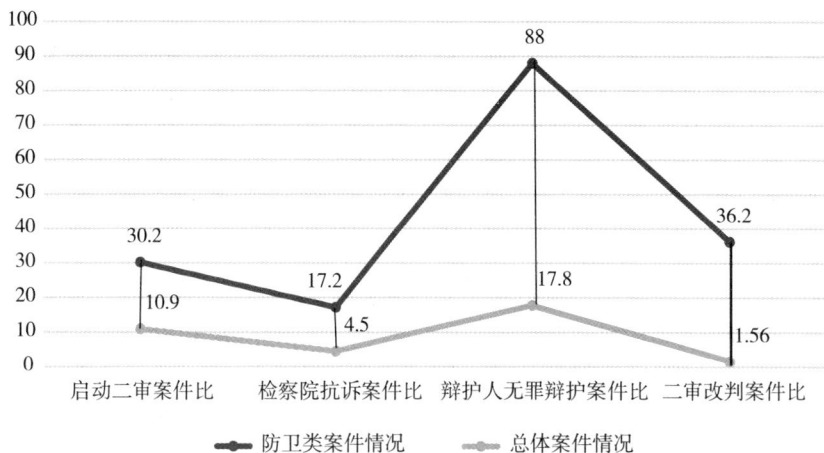

2020—2022 年度防卫类案件相关情况与总体案件对照

超过500字的，
占比10.3%

1000字以上的，
占比2.1%

超过300字的，
占比20.4%

300字以内的，
占比67.2%

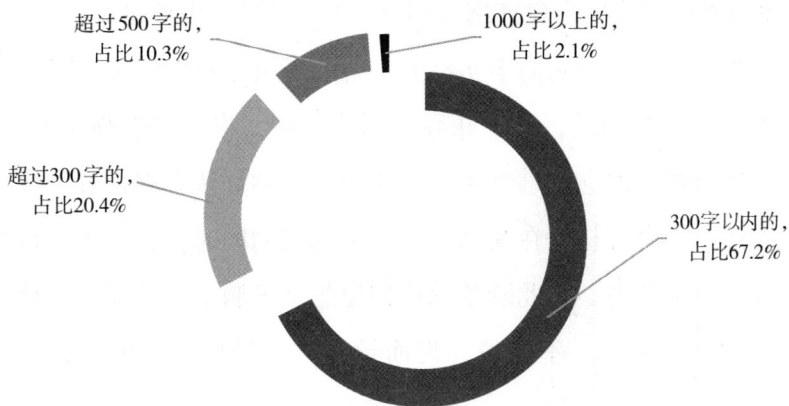

2020—2022年度防卫类案件文书说理情况

二、形式推理内的评价缺失

融入并非援引。核心价值观作为主流意识形态的主旨理念，寓意深邃且表述抽象，缺乏法的确定性，而传统司法讲究直接适用和形式推导，相比于发现法，更加注重大小前提的公式化演绎。机械推理阻滞了价值判断，使文书说理无话可说。

（一）司法三段论与形式涵摄

三段论推理立足于前提必然，进而得出结论正确，是最常见的形式逻辑论证范式。司法三段论在立法应然与个案实然的命题转换中恪守着思维成规，将找法、找事实的往返流连缩限为前者对后者的形式涵摄，以"大前提天然正确""小前提符合大前提时必然正确"，确证着司法判断的有效性，进而偏重对案件事实的调查认定。有研究显示，89.5% 的司法文书仅证据罗列已字数过半 ①，由此可见一斑。

对典型案件，因法同事实高度契合，不过多释明无可厚非，但疑复难案常常情理纠结，若一味固守形式公正，将难以下判更难服众。而形式涵摄背后的立法理性主义及其折射出的立法万能观念，将释法说理视作立法者主权，在无限夸大立法作用的同时，否认司法良知对社会规则的重塑力。如此既禁锢裁判思想又扼制了司法能动，使得法官不愿说、不敢说、不能说，进而导致文书说理中价值失语、法案脱节。

（二）内部证成与外部证成

三段论表面上的严谨往往只是假象，对前提的选择很大程度上取决于法学家的直觉。② 在裁判逻辑中，推理大前提虽然具备法规的外观，却早已不仅是立法时的初始涵义，还不可避免地带着主观和时代的烙印，是司法者内心之法。但形式逻辑以结构缜密为圭臬，持倡价值中立，恰恰逾越了对司法良心的开示，如此在适法前提上"不言自明"，使得实务中的司法证明陷入闭环论证，自说自话。因缺乏对立法精神的透彻释明及对立法原则与时俱进的精准把握，面对疑复案件各方争议，裁判文书说理要么内容干瘪，要么回应无力，均难守住实质公正的底线。

成文刑法是正义的文字表述，但仅凭文字不能发现法的全部真实含义。③ 德国学者阿列克西将法律推理分为确证结论合逻辑的内部证

---

① 熊鑫：《刑事裁判文书的证据说理问题研究》，载《乐山师范学院学报》2020 年第 9 期。
② ［美］理查德·A. 波斯纳著：《法理学问题》，苏力译，中国政法大学出版社 1994 年版，第 55 页。
③ 张明楷著：《罪刑法定与刑法解释》，北京大学出版社 2012 年版，第 2 页。

成与阐明前提合情理的外部证成[①]，而作为内部证成的经典范例，形式逻辑仅开启了裁判释法大幕，却尚未触及司法推理的灵魂。法治是公众共治，必须彰显出大众情怀，完整的个案论证既应关注法向事实的涵摄和推演，更须侧重事实对法内涵的充盈及带给法本质的深入思考，进而正视对推理大前提与适法效果的分析论证。

因此，文书说理虽以形式逻辑为依托，却不应受制于逻辑的形式，更应当立足于司法的外部证成，进而跳出以法观物的思维窠臼，一面恪守着法治底线，一面在对法律规范的解读中融汇价值评判、注入时代精神。具体至防卫类案，无论其中的事理、法理、情理，均须从正当防卫的实质切进，深入挖掘作为司法推理前提的防卫起因、时间、主观条件、对象、限度等各要件的时代内涵与伦理要素，实现立法抽象同司法具象的充分融合，方能有话说、说得好，使裁判文书收获普遍认同、拥有持久效力。

三、司法下法律解释的价值取向

好的司法不但有效而且有力，文书说理须在践行宗旨中能动适法，主动回应民众关切。而适用刑法的过程，就是解释刑法的过程[②]，如何使法与时俱进，怎样实现从"书本法"向"行动法"的转化，合理解释离不开正确的价值导向。

---

① [德]罗伯特·阿列克西著:《法律论证理论》，舒国滢译，中国法制出版社 2002 年版，第274 页。

② 张明楷著:《罪刑法定与刑法解释》，北京大学出版社 2012 年版，第 74 页。

（一）以司法民主为导向，扩张解释防卫时间

富强、民主、文明、和谐，作为社会主义现代化国家的建设目标，以人民利益为根本追求，不断增强着群众的获得感。司法是国富民强的重要保障，理应秉持司法民主，倾听人民呼声，在驳斥"谁死伤谁有理"中突显国家的价值目标，使说理有力量。

1. 侵害正在进行与公众的朴素认知

正当防卫的暴力行使不能太早，也不能太晚。[①] 界定防卫时间不仅是防卫行为正当化的前提，也是对防卫人和侵害者法益受损风险的衡量及分配。究竟系前者的错误攻击，还是后者在不法侵害，正与不正之间，离不开正确价值观的指引。

什么是侵害正在进行，如何界定侵害已经开始，部分文书说理或者参照"犯罪着手说"展开，或者从"进入现场说"切进，将防卫的触发条件限定于不法侵害已直接逼近，由此对防卫人提出较高要求，大大压缩了正当防卫的适用空间。等刀砍脖子才还手，要坏人走近才反抗，机械的文义解释严重背离了公众认知，进而引发社会质疑。

好的说理是司法精英化与大众化的统一，既依据法律，体现法官的专业判断，又能超越文本，融入群众的朴素情感；既剖析法律规范，实现形式上的公正，又密切关注大众诉求，在要件事实中挖掘制度的民意底蕴、民本内涵、公理积淀，践行实质正义。法不得向不法让步，正当防卫是正与不正的较量，为弘扬社会正气，践行社会主义核心价值观，司法裁判应当立足于防卫人所处的具体情境，在防卫时

---

① [美]乔治·P.弗莱彻:《地铁里的枪声——正当防卫还是持枪杀人》，陈绪纲、范文洁译，北京大学出版社2007年版，第18-20页。

间上充分考量社会的普遍认知，设身处地地兼顾一般人标准与防卫人标准，既不强求也不苛求，在合理解读"侵害正在进行"中，让说理释放出更多的时代正能量。

2. 防卫预见性与国民预测可能

规范的事项如在框之中心最为明确，愈趋四周愈为模糊[1]，条文边缘的模糊性，为实务中个案的解读提供了空间，而立场与视角的差异势必会形成不同认知。但任何判断都不能超出社会普通人基于公序良俗和常理常情形成的预测可能。正当防卫旨在保护合法权利免受不法侵害，此保全法益、捍卫秩序的自卫性决定了防卫行为的本质是预见和预防。既然不法的侵害已然逼近，即将打破权益之间固有的平衡，使国家、公共利益，本人或他人的人身、财产和其他权利遭受损失，就应允许防卫人进行有效反击，避免现实或可能的危险。"法不向不法让步"，依法维护公民权利，让侵权人自担必要风险，这是社会的期待，也必将获得社会认同，而防卫的预见性本质及其效果导向，将指引着防卫时间适当前移。

因此，行为人为了杀人而从远方向防卫人迅速靠近并挥舞凶器，此时要求防卫人等行为人走近并砍杀时才能防卫，这无疑是不能被接受的。[2] 如刘某案[3]。刘某的丈夫蒋某欲强奸女儿，因刘某拼死保护而未得逞，蒋某暴打刘某，并称天亮以后再施强奸，刘某乘蒋某熟睡时将其锤杀。若仅从正当防卫的法条表面予以文义解释，案发之时，新的不法侵害尚未开始，刘某的行为属于防卫不适时。但刘某系受虐妇

---

[1] 陈兴良著：《刑罚适用公论》（上卷），法律出版社2011年版，第33页。

[2] 赵秉志、黄静野：《正当防卫时间要件疑难问题研究》，载，第34页。

[3] 参见《为保护女儿不被性侵半夜锤杀丈夫，故意杀人还是正当防卫》，载搜狐网2022年7月2日新闻 http://m.sohu.com/a/563275425_121123853，最后访问时间为2022年8月24日。

女，其夫蒋某屡次欲奸幼女，无论以特定人视角还是一般人的认知，天亮后的不法侵害都将对母女权益造成现实的具体危险，而一旦着手，防卫人会即刻丧失有效反击的可能。文书说理应当于理应当、于情相容，以侵害紧迫性与防卫预见性扩充解释防卫时间，是弘扬社会主义核心价值观的应有之义。由此，刘某合理预见到不法侵害将要发生，为避免具体危险转为实害后果，维护自身和女儿的合法权利，在不采取必要措施即丧失防卫先机的紧急关头，打破了国家的暴力垄断，自行剥夺蒋某生命，应当视为正当防卫。

（二）以司法公正为导向，目的解释防卫限度

自由、平等、公正、法治，作为中国特色社会主义社会发展进步的精神内核，秉公持正恪守初心，不断增进人民福祉。司法是社会良知的守护者，必须坚持公正司法，回应民众期待，在反驳"谁横谁有理"中彰显社会的价值取向，让说理有是非。

1. 明显超过必要限度与优越利益保护

在正当防卫案件的处理中，最为困难的就是对防卫限度的把握。[1]从实害大小比较，到手段强度权衡，从具体情境考量，到防卫性质评判，以暴制暴限度的界定体现着司法的态度和方向。

正当防卫明显超过必要限度造成重大损害的，应当负刑事责任，但何为必要限度，常须结合全案具体分析。部分文书以"武器对等说"为圆心，对是否必要进行事后评价，机械地要求双方刀对刀、棒对棒、空手对空手，不仅忽视不法侵害的潜在危险，也加重了防卫人的注意义务，可能会让英雄流血又流泪。司法公正作为特定语境中

---

[1] 陈兴良：《正当防卫的司法纠偏及其纠正》，载《政治与法律》2019年第8期，第55页。

的价值评判，离不开对法律精神及防卫目的的探究，内藤谦先生便认为，正当防卫的违法阻却根据，须在优越利益的原理中寻找①。不法先行，打破了各方权利平等的格局，使侵害者处于被防卫地位，相关利益的要保护性随之降低，而防卫人权益、公共秩序等要提升，扬正气、树新风，为法所确证，理应得到刑法的优先保护。

因此，考量明显超过与必要限度，既不可限于对双方工具的孤立对比，也不能囿于对损害结果的静态比较，而应当从防卫人立场出发，从优势利益保护着手，同时结合一般人在事中的正常反应，使司法贴近生活，让群众感知公正。

2. 防卫相当性与防卫必要

侵害者法益亦需保全，司法不允许为一只苹果而射杀小偷，但同样须禁止片面、静止看待防卫损害的唯后果论。作为区分正当防卫和防卫过当的标准，防卫相当性应坚持实际处境原则，根据客观防卫必要，在"基本相适应说"与"必须说"的平衡中把握防卫限度。即不仅关注已然的不法后果，还应评估可能的侵害风险，不仅分析事后损失，衡量双方利益，还应考虑事中有无持续侵害、危险是否累积升级，不仅聚焦防卫行为本身，还应延展考察防卫人所处境地、心理压力、瞬间反应和社会普通人身临其境的感受。防卫必要既是对基本适应说的授权，也是对防卫必须说的约束，是贯彻优越利益保护要旨，对防卫行为是否妥当的具体评判。

如于某案。于某持刀反杀致刘某死亡，而其本人仅是左颈部及左胸季肋部挫伤，若单纯比较双方伤情，于某的防卫行为显然明显超过

---

① [日]内藤谦：《刑法讲义总论（中）》，有斐阁1986年版，第329-331页。转引自张明楷：《正当防卫的原理及其应用——对二元论的批判性考察》，载《环球法律评论》2018年第2期。

必要限度，属于防卫过当。但具体分析可知：

首先，刘某对于某推搡、踢打，后手持砍刀连续挥击，侵害行为不断升级，不法的潜在性风险持续增加，于某生命、健康受到了严重威胁，不夺刀反杀无法维护自身的合法权益。其次，刘某在砍刀失手后即上前抢夺毫不收敛，随时可能再次攻击于某，为及时制止犯罪，于某必须彻底剥夺其侵害能力。最后，刘某先发制人，又突然取出砍刀行凶，令于某猝不及防，身处绝境下的焦虑、恐慌及担忧足以使人心理崩溃，7秒捅刺5刀是孤立无援中的本能反应，契合民众朴素的正义观和公序良俗，不可苛求。因此，于某本人是否受伤或伤情轻重，对于正当防卫的认定没有影响。①

正当防卫的目的价值在于避免，唯有使公私权益避免现实的不法侵害和未来可能出现的更大损失，防卫行为才有意义。而防卫必要是防止危害结果发生的必要，更是制止危害行为，阻滞具体危险转化的必要。为必要原则所框定的防卫相当性，也不仅是对不法侵害无价值结果的防范，而且是对不法侵害人无价值行为的反击。

（三）以司法为民为导向，当然解释防卫意图

爱国、敬业、诚信、友善，作为中华民族的传统美德，以修身崇德涵养品格，持续强化着公民的道德自觉。司法是民意民权的捍卫者，理应突出为民导向，强化宗旨意识，在矫正"谁能闹谁有理"中褒显公民的价值准则，让说理有温度。

---

① 参见最高人民检察院第十二批指导性案例（检例第47号）《于某正当防卫案—关于"行凶"的认定标准》，载最高人民检察院官网 http://www.spp.gov.cn/spp/llyj/202105/t20210515_518208.shtml，最后访问时间为2022年8月24日。

1. 免受不法侵害与不退让维权

正当防卫之所以成为排除犯罪性事由，首先因为其是同不法侵害作斗争的正义、合法的行为。[①] 防卫意图界定着防卫行为，决定了防卫效果，是正当防卫的灵魂。但实务繁杂，如何在个案中认定防卫意志，具体平衡法益保全原理和比例性原则，司法不应失之过严，当为民做主，以文书说理引领社会风尚。

公民实施防卫是为了使公私权利免受不法侵害，而追求如何"免受"，支配着防卫行为应为当前无路可退下的不得已自卫，还是涵括先前能躲不躲后的主动迎击。制止不法侵害本身就是正当防卫的特点，[②] 法益保护原理要求防卫人在危险来临时主动维权，不得向侵害让步。比例性原则则禁止造成更高的牺牲，认为当及时躲避即能免受侵害时，不必进行防卫。防卫人是否负有退让义务，对防卫意图和意志的合理解读将划定公民的维权范围，避免防卫权不当萎缩。

司法的价值不仅在个案，更是对全社会行为普适性的规范、引领和塑造。不同于紧急避险中的以正对正，正当防卫中面对正在进行的不法侵害，唯有坚持不退让不逃避，赋予公民不折不扣的防卫权，才能消除后顾之忧、激发斗争勇气，从而真正实现防卫意图，彰显出社会的真善美。因此在正与不正的较量中，为了保全合法权益，必须对比例原则予以批判性借鉴，摒弃不得已等"靠墙"规则，以支持不退让维权而获得人民群众的情感和实践认同。

2. 防卫主动性与防卫正当

正当防卫是立足于人的保护本能而赋予公民的特殊权利，对其适

---

① 黎宏：《论正当防卫的主观条件》，载《法商研究》2007年第2期（总第118期），第67页。

② 张明楷：《正当防卫的原理及其运用——对二元论的批判性考察》，载《环球法律评论》2018年第2期，第58页。

用应偏重于防卫效果，而无须对主观方面进行过多限制。[①] 从社会实效出发，以惩恶扬善的规范目的当然解释防卫意图，主动防卫是有力维权、弘扬正气的应有之义。但不可否认，防卫的主动性在扩张主观条件的同时，也扩大了防卫行为的适用范围，相比于先行退让，更可能造成致侵权者死伤的后果。作为公民权利与社会秩序的保障法，刑法的不退让必须兼顾防卫主动和正当，既放宽权利行使，为防卫人的行为撑腰，又防止权利异化成过剩的暴力，使侵权者人身、生命能得以最大限度的保全。防卫正当正是正当防卫与互相斗殴、故意伤害之间的分界线，其中蕴含的事中判断、整体判断彰显出司法切实为民的价值和情怀。

如杨某案[②]。当彭某某称要找人报复时，杨某1没有锁门闭户以此躲避，而是回应"那你来打啊"，并将尖刀藏在身上，后彭某带人前来，又首先击打杨某1面部，杨某1持刀捅刺致彭某某死亡。虽然杨某1因防卫过当而最终获刑，但其捍卫权利免受侵害的防卫意志不可否认。刑法不优待侵权者，对正当防卫意图的认定，应当摒弃事后的理性人立场，而真正从防卫人的视角着眼，对防卫行为的正当性进行事中评价。杨彭二人发生口角在前，面对彭某某的扬言报复，杨某1为维护自身尊严，选择不予逃避，同时为防备后续的可能风险而准备工具，该主动防御在情理之中。并且，杨某1伤人发生在彭某某出手之后，当时彭纠集多人持械围殴，杨某1的人身、生命均面临着现实危险，为了自身免遭不测而持刀捅刺侵害者，杨某1的防卫行为实属

---

① 黎宏：《论正当防卫的主观条件》，载《法商研究》2007年第2期（总第118期），第64页。

② 参见最高人民法院发布的涉正当防卫典型案例《杨某1故意伤害、杨某2正当防卫案》，载最高人民法院官网 http://www.court.gov.cn/fabu-104262.html，最后访问时间为2022年8月28日。

正当。

再如于某案。刘某中刀后回身跑向宝马车，于某却能逃未逃，继续追砍至刘倒地。防卫人于某以不退让维权，最终剥夺了侵害者的侵害能力，使自身免受不法侵害，显然具备防卫意图。司法认定不应囿于功利主义思维，孤立比对防卫收益和损害，而忽略整体情境，对防卫行为进行"一点"式评价。面对累积升级的持续性侵害，于某自卫是前后相继的完整过程，从被踢打、砍击到夺刀，从发生争抢、应对反扑到捅刺，其人身、生命始终受到刘某的严重威胁，如不乘势追赶而放任侵权人跑回车内，事态发展难以预料。文书说理应当对刘某侵权予以整体性关注，并整体评价于某的防卫行为，进而论证于某主动防卫的正当及必要性。

四、进路：辩证思维主导的核心价值观引入

核心价值观融入文书说理，不只是潜移默化的渗透，更有制度式导入，须实现规范性转化。而无论国家主导的价值话语、社会主流的价值理念，还是人民主体的价值向度，都是不断发展、综合全面、相互联系的理论体系，应当以辩证的思维整合司法认知，在辩证法主导的说理进路中落实落细司法民主、司法公正、司法为民。

（一）发展观评价防卫行为——诠释自由

法律的真谛，就是没有绝对自由。[①] 防卫制度支持必要的私力救

[①] 郭道晖：《法理学精义》，湖南人民出版社 2005 年版，第 112 页。

济，却不放纵无谓的故意伤害，如何正确解读侵害紧迫性是精准认定防卫正当的先决条件。然而"正在进行中的不法侵害"因语焉不详而多有歧义，缺乏统一认知，给文书说理带来不小困难。

问题的本质在于如何理性地评价防卫自由。正当防卫并非简单的以暴制暴，而是正与不正的较量，防卫权始终受制于免受不法侵害的正当目的，因此正确解读防卫起因，离不开对防卫必要及防卫自由的深刻体察。自由是人之为人的根本，追求人的全面自由发展是社会主义的核心价值和崇高理想，而每个人的自由又是特定历史阶段的产物，以不影响其他人自由为要旨。为及时保全合法利益，法律允许防卫人诉诸个体力量伤害侵害者的人身甚至剥夺其生命，但此私力救济并非不受约束，防卫的启动必须在优先保护与适度保障之间具体权衡。因此，司法评判及文书说理务必充分考量防卫人所处境地及侵害者的侵害性质、手段、人数、强度等，既立足当下情境，又预判未来可能，进而在发展的进程中探究不法侵害"正在进行"的立法初衷。具体而言，应当坚持两个维度：

其一判断期待可能性。正当防卫不是制止不法的最后手段，也并非情不得已下的应急措施，因此无须等待一切方法全部穷尽，但是法与社会认同的防卫行为，也绝非侵害临近时的即刻反击，而是案发当时彼情彼境之下，无法期待防卫人忍受不法、默不作为的不可责难性。期待可能性判断以规范的责任界定防卫自由，既强调防卫效果，充分考量事中紧迫状态及防卫人惊恐焦灼的紧张心理，而容许认知局限^①，允许基于合理预见提前防卫，更兼顾防卫限制，要求根据实施防卫当时现场的具体情况，综合评价不法行为的暴力强度、危险程度、危害力度，而将防卫权启动限于特定时空下剥夺侵害者的侵害能力所必须。因此，在防卫必要中融入情理体恤，在正当性认定中引入价值考量，不仅以防卫自由宣示着防卫人权利不可侵犯并确证法秩序，而且通过适时防卫平衡双方权益，杜绝了先发制人异化，又矫正风险分配失当，在对自由的诠释中践行司法公正，实现防卫人与侵害者双重保护。

如周某案^②。周某与李某均扬言要砍死对方，李某带三人来到周家，周某见状持刀从后门绕至房屋左侧，被李发现后二人相互厮打，李某将周某手腕砍断，周某捅刺李博致其死亡。本案中，李博虽然纠集多人，但在案发当时却只身进入现场，周某则主动上前并首先持刀伤人。周某行为之时，不法侵害没有着手，侵害的紧迫性也未形成，而其处境既非被人追杀需被迫反击，也非遭遇突袭须不计后果，法律期待周某能够理性应对，该周却挑起事端先发制人。周某的行为属于防卫不适时，正当防卫不成立，而构成故意杀人罪。

其二评定侵害的危害性。防卫的本质在于预防，而实务情况繁杂，不同个案中的不法侵害，轻重缓急各有不同，相应的回击行为属

---

① 如河北邢台正当防卫案中，刁某某持续辱骂、殴打董民刚，并用尖头的汽车钥匙戳扎董的头部，被董持剪刀捅刺身亡。刁某某的行为仅造成董民刚轻微伤，但案发当时刁翻墙入院闯入卧室，致使董处于极度惊恐之中，董民刚一方面无法准确知知侵害者的侵害手段，一方面基于持续升级的暴力侵害，有理由相信刁某某会突然采取致命措施。具体案情参见《"河北入室反杀案"当事人被无罪释放》，载 http://baijiahao.baidu.com/s?id=16365726263807578 74&wfr=spider&for=pc&searchword=A25e5%8f%b0%a1%88，笔者最后的访问时间为 2022 年 8 月 11 日。

② 详见第 ×××号《周某故意杀人案》，载《刑事审判参考》第 46 辑，法制出版社 2006 年版，第 30—41 页。

于非法侵犯、挟私报复还是正当防卫，界定防卫自由及起因离不开对不法侵害危害性的准确评估。而文书说理不能仅仅立足于不法行为实施之时，进而静态评估侵害的紧迫性，片面地将"已经着手"、"进入现场"等僵化标准与不法侵害正在进行挂钩，由此压缩防卫空间，使得正当防卫防无可防。而应从最大限度保护防卫人合法权益的立法目的出发，根据侵害行为的暴力性质、暴力手段、持续时间、有无间断、间断长短、施暴人数、施暴强度、强度变化等情况，并结合侵害者本人的身体与精神状态，对侵害行为继续进行的可能后果进行合理预测。并根据防卫人的人身安全是否面临着现实威胁、该威胁是否会转化成实害结果、此转化是否具有即时性与紧迫性，以及可能即将发生的实害结果是否可控等，决定防卫行为的风险分担，在必要时适当前移防卫时间，从而充分释放防卫自由。

如韩某案[1]。王某纠集四人对韩某拳打脚踢，在韩逃脱后又紧跟追赶，韩某持匕首捅刺王某致其死亡。本案中，韩某捅人之时正在奔逃途中，与王某等人没有身体接触，新的侵害似乎并未开始，但是双方实力明显失衡，若要求防卫人等待不法行为着手，则早已错失了防卫时机，韩某必将陷入更加危急的境地，因此既不现实也不合理。同时，暴力的不法行为正在步步紧逼，韩某面临的直接威胁十分明显，不法侵害的危害性已充分显露，如任其发展，由此引发的实害后果将难以预料。法治是规则之治，也是良法之治，[2]对防卫正当的司法评价必须彰显除恶扬善的防卫效果，为最大限度地制止不法，避免侵害者行为中的具体危险转化成实害后果，真正保护防卫人在当时和未来的

---

[1] 详见第569号《韩某故意伤害案》，载《刑事审判参考》第69辑，法制出版社2009年版，第40-47页。

[2] 王利明：《法乃公平正义之术》，载《当代贵州》2015年第40期。

合法权益，应当允许合理的预见性防卫。

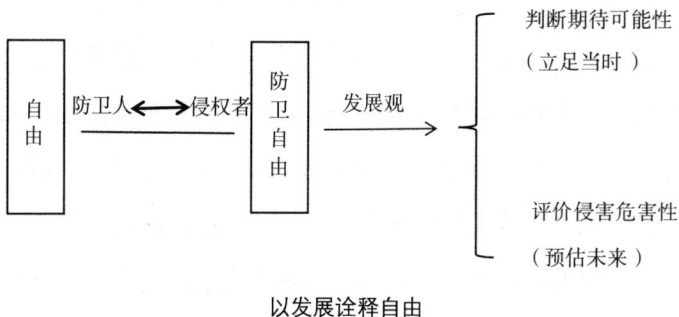

以发展诠释自由

（二）用全面观比对双方利益——彰显平等

在保护法益所必需的限度内，应当否定侵害人享有守法公民本应普遍享有的人身、财产和其他法益……但不允许防卫人为保护极其轻微的法益而严重伤害甚至杀死侵害人。[①] 平等代表着关怀和尊重，承载了全体人民对和谐社会、美好生活的期盼，法律面前人人平等，任何人不得从自己的错误行为中获利，侵害者不行，防卫人同样不能。作为权利同权利的对决，正当防卫在保护合法权利免受不法侵害时，也给侵害者的人身财产造成损害，虽系不可避免却应有所节制。而《刑法》不仅是善良公民的大宪章，也是犯罪人的大宪章[②]，对防卫人的优位保护应列置于侵害者的何种利益之上，在划定限度边界时，必须全面考量双方利益，既弘扬正气又杜绝滥权，在权利保护和人权保障的价值权衡中探寻立法精神，彰显司法平等。

具体而言，正当防卫既是制止权，又是致损权，防卫行为是否过

---

① 梁根林：《防卫过当不法判断的立场、标准与逻辑》，载《法学》2019 年第 2 期。

② ［日］木村龟二：《刑法总论》，有斐阁 1979 年增补版，第 87 页，转引自张明楷：《罪刑法定对现代法治的贡献》，载《清华法治论衡》2002 年第三辑。

当，应以防卫人与侵害者之间力量及境遇的综合对比为基，统观防卫目的和防卫方式，寻求法益保护在不同视角下的平衡。

一方面，坚持对防卫人法益的优先保护。不法侵害由不法侵害人发动，面对突如其来的重大危害，防卫人仓促反击、被动应对，人身财产面临着巨大威胁，身心处于极度惊恐之中。此时应当以解除危险为首要目标，以制止侵害为首要原则，允许为了止损而致损，必要时防卫人的合法权益高于侵害者的人身甚至生命。而对必要与否的评判，应当恪守"普通人标准"客观论与"行为人标准"主观论的二元统一，既坚持大众尺度，符合常理常识常情，又考量特殊防卫个体的认知和反应能力，体现平等公正。

如吴某案①。夜深人静时，吴某在熟睡中被强行入室的李某等人殴打、侮辱，孤立无援下摸起水果刀自卫，李某又向其投掷550克的铁挂锁，吴遂持刀捅刺致李某死亡。当恣意的侵害猝不及防，吴某的行为是作为女性与弱者的本能反应，也是此情此境下任何理性第三人为制止侵害、保护自身所必然采取的必须举措。面对不法侵害持续进行，防卫人与侵害者力量又明显失衡，唯有彻底剥夺侵害能力才能制止不法时，防卫行为造成的损害正是避免不法产生的危险所必需，防卫人的合法权利应当在司法评判中被优位考虑。

另一方面，兼顾对侵害者利益的适度保护。法律禁止无节制的防卫，侵害者的合法利益同样需要司法保护。当对某个问题有两种以上解释时，利益衡量是判断作何取舍的依据②，防卫行为既获得了个人保全、法确证等收益，也不可避免地给不法侵害人造成损害，评价防卫

---

① 参见《吴金艳故意伤害案》，载《最高人民法院公报》2004年第11期。

② 梁慧星：《自由心证与自由裁量》，中国法制出版社2000年版，第503页。

正当与必要，离不开对侵害者要保护性利益范围的界定。无论如何，也不能为了使防卫人财产、自由等较轻利益免受侵害，而损害侵害者的生命等重大法益。

如于某案[①]。于某虽被杜某等人围逼挑衅，却并未遭到强烈攻击，仍持刀连捅四人致一死三伤，该防卫行为明显超过必要限度。司法评判虽不囿于"武器对等"，机械地要求以棒对棒，但也严禁防卫过剩，不纵容过度反击造成新的伤害。文书说理应当综合考量防卫案件中双方行为的性质、手段、强度及危害程度、损害后果，在认定防卫人以较轻缓方式即能制止不法时，必须充分关照侵害者权益，禁止不当防卫伤及侵害者的要害部位导致重伤或者死亡。

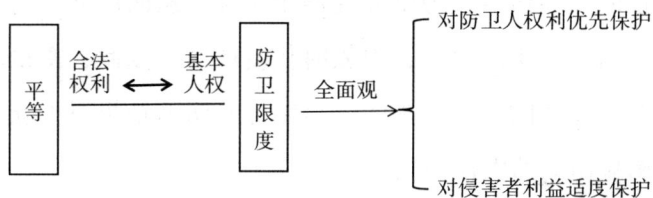

用全面观彰显平等

（三）由联系观衡量损失结果——凸出公正

公正作为良法善治的基本价值，不仅代表不同情况差别对待的分配正义，更蕴含着多元诉求一体保护的矫正正义。防卫过当是程度与后果的双重判断，不仅要求明显超过必要限度，还必须同时造成重大损害。而当防卫行为造成侵害者重伤或者死亡时，重大损害的司法标准如何把握，尤其是防卫人毫发无损，侵害者却遭遇反杀的，司法评

---

① 参见指导案例 93 号《于欢故意伤害案》，最高人民法院 2018 年 6 月 20 日发布，载 http://www.court.gov.cn/shenpan-xiangqing-104262.html，最后访问时间为 2022 年 8 月 22 日。

判应怎样体现结果公正、实现实质正义，让大众认知、认可、认同。法律适用意味着在具体案件中实现价值判断[1]，裁判释法的难题正是文书说理的焦点。

评判重大损害，必须摒除人死为大的唯结果论思维，而设身处地地兼顾被保护法益与被限制利益，同时结合双方处境，强化社会相当性判断，在所有涉案因素的普遍联系中凸显裁量公正。具体而言，可从三个维度切进：

其一，由案发起因看性质。正当防卫不仅保护被侵犯者本人或他人的权利，还叠加确证权利赖以存在的法秩序不容侵犯。[2] 正当防卫制度的伦理价值不仅是使公民的合法权益免受不法侵害，更在于释放出邪不压正的强烈信号，为全社会伸张正义，从而以立法与司法的力量引导公众遇有不正敢出手，引领时代新风尚。因此，衡量防卫损失与收益，尤需关注防卫人行为的社会属性及防卫结果对大众心理的导向作用，彰显司法的责任担当。

如高某案[3]。高某因拒绝传销受到郭某某等六人围攻，为了摆脱困境而挥刀自卫，致使郭某某等一人死亡二人轻微伤。本案中，高某面对暴力传销，敢于奋起抵抗、以暴制暴，既捍卫了自身的人格权、人身权，也弘扬了不畏强势、挺身斗争的社会正气。虽然造成侵权者死伤，但是高某的行为震慑了暴力传销，遏制了传销组织蔓延，助力营造安定和谐的社会环境，为其行为正名，即是向犯罪亮剑、为正义

---

① ［德］魏曼士：《法理学》，丁小春、吴越译，法律出版社 2003 年版，第 64 页。

② ［德］克劳斯·罗克欣：《德国刑法学总论（第一卷）》，王世洲译，法律出版社 2005 年版，第 438 页。

③ 详见《高某正当防卫不起诉案》，最高人民检察院 2020 年 11 月 20 日发布的典型案例，载 https://www.spp.gov.cn/spp/zdgz/202102/t20210202_508275.shtml，笔者最后的访问时间为 2022 年 8 月 20 日。

撑腰。

其二，从力量对比看必要。原则上只要防卫行为是为制止不法侵害所必需的，就应认定为正当防卫。[1] 防卫权首先是制止权，衡量防卫行为是否造成了重大损害，不是与事后防卫人遭受的侵害后果相比较，而是以事中能否切实保护合法权利为必要。而个案中具体的防卫方式常由特定时空下的现场环境所决定，面对敌众我寡，要求防卫人以温和的行为造成侵害者轻微损害，非但不现实，更从根本上背离了防卫目的。因此对重大损害的认定，必须首先着眼于双方人数、工具、手段、强度等力量对比，充分考量防卫人所处境地及可能出现的不法危险，围绕免受非法围攻、捍卫生命健康这一中心要旨，赋予防卫人在紧急时刻采取一切可能措施的必要防卫权，并容忍由此造成侵害者死伤的结果。

如耿某案[2]。康某某纠集 8 人强拆耿某房屋，凌晨 2 时许持橡胶棒、镐把等翻墙进入耿家，殴打耿某并捆绑耿妻扔到村外，耿某挥动分苗刀乱捅，致 2 名侵权者重伤。本案中，耿某被康某某等人持械围殴、以一对八，且在深夜遇袭、孤立无援，面对有备而来的不法侵害，防卫人与侵害者之间，力量对比极为悬殊。要么眼看着家被拆毁、自己和亲人受尽侮辱，要么抵抗不法行为、制止暴力拆迁，耿某连致 2 人重伤，是危急关头保全自身的无奈回应和必要反击，既在法理之内也在情理之中，并不属于重大损害。

其三，自防卫方式看克制。防卫行为形式上符合犯罪构成，实质却能阻却违法，与故意杀人和故意伤害最大的不同，在于后者希望或

---

[1] 梁根林：《防卫过当不法判断的立场、标准与逻辑》，载《法学》2019 年第 2 期，第 7 页。
[2] 详见《耿某正当防卫不批捕案》，载最高人民检察院官网 http://www.spp.gov.cn/spp/llyj/202105/t20210515_518208.shtml，最后访问时间为 2022 年 8 月 17 日。

者放任危害结果的发生，前者却以制止不法侵害为归依。因为目的合法，所以行为正当，不恣意妄为正是正当防卫的应有之意。因此，没有不受制约的权利，防卫手段、方式反映着防卫的意图与目的，理应受制于理性维权、适可而止的防卫必要原则，面对正在进行的不法侵害，防卫权的行使必须保持必需的克制。

如朱某案①。侵权者齐某虽与朱某撕扯并向朱投掷瓦片，但对朱某的人身侵犯尚属轻微，且齐、朱矛盾存在周旋安抚的余地，朱某却手持宰羊刀捅刺齐某要害部位，造成齐某死亡。朱某的行为明显违背比例原则，造成了重大损害，因此构成防卫过当。而陈某案②，容某乙三人侮辱陈妻，遭陈某斥责后对陈拳打脚踢，又持钢管、铁铲击打陈某头部，陈某半蹲着掏出刀长 6 厘米的单刃小刀，右手挥动比划，左手保护妻子，最终致容某乙等一死一伤。面对行凶者步步紧逼的持械围殴，陈某始终守在原地，用小刀护身，若容某乙们不上前挑衅，便不会出现死伤结果。因此，无论采取姿势，还是选取工具，陈某的行为始终有所节制，是在紧迫危险之下，为保卫自己和妻子的人格尊严、人身安全，不得已作出的被动还击，虽然造成一定伤亡，却为制止不法侵害所必需。综上，本案尽管后果严重，但未超过必要限度、造成重大损害，陈某正当防卫成立。

---

① 参见最高人民检察院检例第 46 号《朱某故意伤害案》，载最高人民检察院官网 https://www.spp.gov.cn/spp/jczda/201812/t20181219_402920.shtml，最后访问时间为 2021 年 8 月 3 日访问。

② 参见《陈某正当防卫案》，载最高人民法院官网 http://www.court.gov.cn/zixun-xiangqing-251621.html，最后访问时间为 2022 年 8 月 29 日。

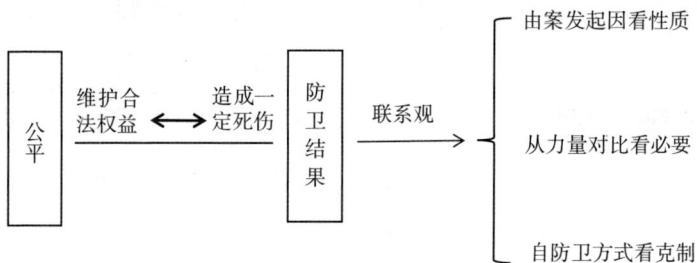

由联系观凸出公正

　　讲好司法故事，传播核心价值，是文书说理的永恒主题。而事实、法律与价值要素并非无缝衔接，实现核心价值观同法治精神交汇贯通，离不开法官对于法律规范与时俱进的时代解读和深入浅出的理念诠释，如何规范这一司法前见或是下一步深入研究的方向。弘扬正气的阳光司法永远在路上。